水上运动竞技与休闲研究

陈泽勇 著

吉林科学技术出版社

图书在版编目（CIP）数据

水上运动竞技与休闲研究 / 陈泽勇著．-- 长春：
吉林科学技术出版社，2023.3
ISBN 978-7-5744-0205-8

Ⅰ．①水… Ⅱ．①陈… Ⅲ．①水上运动—研究 Ⅳ．
① G861

中国国家版本馆 CIP 数据核字（2023）第 064507 号

水上运动竞技与休闲研究

著　　者	陈泽勇	
出 版 人	宛　霞	
责任编辑	赵维春	
封面设计	树人教育	
制　　版	树人教育	
幅面尺寸	185mm×260mm	
开　　本	16	
字　　数	220 千字	
印　　张	9.875	
版　　次	2023 年 3 月第 1 版	
印　　次	2023 年 3 月第 1 次印刷	
出　　版	吉林科学技术出版社	
发　　行	吉林科学技术出版社	
地　　址	长春市南关区福祉大路 5788 号出版大厦 A 座	
邮　　编	130118	

发行部电话／传真　0431—81629529　　　81629530　　　81629531
　　　　　　　　　　81629532　　　81629533　　　81629534

储运部电话　0431—86059116

编辑部电话　0431—81629520

印　　刷	廊坊市广阳区九洲印刷厂	
书　　号	ISBN 978-7-5744-0205-8	
定　　价	60.00 元	

前　言

自古以来，人们就与水有着不解之缘。人们在适应自然、征服自然的过程中创造了多种多样的游泳姿势和多姿多彩的水上运动，并使其成为人类的一项重要的生存技能，保证人在水里这样特殊环境下的生命安全。

目前，随着人们生活水平的提高，越来越多的人开始关注自己身体的健康状况，并逐渐意识到拥有强健的体魄才是学习、生活、工作顺利及防御疾病的基础。因此，在现代生活中，随着人们投身到体育锻炼中的时间逐渐增多，一个既安全又有效的理想运动方式——水上运动被人们广泛地采用。

本书内容丰富，不仅对水上运动的相关科学理论，如生物学、运动学等进行了剖析，而且还对各种水上休闲运动项目的基本知识与基本技术进行了细致的梳理与整合，突出了水上运动的趣味性和可操作性。

本书是关于水上运动竞技与休闲研究的书籍，首先以休闲体育概述为切入点，介绍了休闲体育健身涉及的多元化科学原理以及游泳健身的作用与原理、分类等；其次对帆船运动、龙舟运动等水上运动进行详细探讨，重点探讨这些运动的文化历史以及比赛等内容；再次阐述了其他水上运动，如漂流运动、潜水运动等；最后对常见的运动损伤与运动性疾病的预防与处理方法进行梳理。本书内容丰富，望对相关研究有所帮助。

本书在撰写过程中参考和借鉴了一些专家和学者的研究成果，在此表示衷心的感谢！由于作者水平、时间和精力所限，书中不妥之处在所难免，敬请广大专家、读者批评指正，以促使本书的进一步完善。

目　录

第一章　休闲体育概述

在 21 世纪的今天，休闲体育已经走进了人们的生活，成为人们闲暇时间的重要娱乐健身活动。现代休闲体育不仅继续保持有体育运动的健身性、娱乐性和益智性，还包含了更多的时尚色彩。这些都使得休闲体育运动成为老少皆宜、不同阶层适宜的体育活动类型。本章重点对休闲体育的基本理论进行阐明，以期使人们更加了解休闲体育，并为进一步深入研究休闲体育打好基础。

第一节　休闲体育的基本概念

一、基本概述

在世界范围内，包括许多休闲体育运动开展较早的国家都并未给休闲体育一个公认的定义。一时间，人们便开始从外在形态上给相关运动命名，如从 20 世纪 80 年代以来，"运动休闲""休闲体育""体育休闲"等名称和相应的概念都被提出过，在学术界这些名称与概念也出现过混用。然而，对于一项事物的研究，没有一个明确的定义肯定会对研究带来困扰。因此，给休闲体育一个明确的定义就成为当务之急的工作，由此才能更好地区分相关概念，使休闲体育运动相关的理论得到更好的发展。

20 世纪六七十年代，各国政府逐渐增加了相关的投入，使体育设施条件得到了更好的保障，通过体育运动来实现休闲目的的人不断增多。西方发达国家经济和社会的发展为民众的普遍休闲奠定了坚实的基础，创造了更有利的条件，休闲体育运动随之在西方发达各国迅速发展起来，休闲体育也逐渐成为一门与学校体育和竞技体育不同的专门学科，它从休闲动机和参与形式等方面明确了休闲体育运动的独特形态与特征。

在西方社会里，现代休闲体育运动的发展与演变不仅有时间和物质基础等方面的改善，同时还有休闲意识与休闲文化的改变。休闲体育经过学校体育和社区体育模式的发展演变，逐步发展壮大，其概念也发生了一系列的发展与变化。

休闲体育运动的本质精神强调的是对生活质量的追求以及实现自我的需要，是对心理需求的满足以及精神生活的丰富。由于研究角度的不同，不同的学者对于现代休闲体育运动概念的定义表现出一定的差异性。国内有些学者将现代休闲体育的概念定义为：

现代休闲体育是在自由支配的时间内，现代人依据自身的兴趣和需求，以对体育活动的自主选择和直接参与为基础，为实现身心娱乐、提高生活质量、实现和完善自我等目的的体育活动参与态度和生活方式。

另外，还有其他一些学者对休闲体育运动的概念进行了不同的阐述，在此不再进行赘述。通过综合各位专家学者的观点，现代休闲体育运动可以从以下几方面进行阐述。

就现代休闲体育的构成而言，其主要由体育和休闲两部分构成，其含义为通过体育达到休闲的目的。休闲的方式多种多样，体育只是其中的一种，休闲体育是将休闲局限于体育之内的一种休闲活动。休闲体育运动鲜明地表达了将休闲作为体育活动参与的核心目的。体育活动的形式丰富多样，人们参与体育活动的目的也各不相同，有人是为了减肥，有人是为了健身，有人为了塑形，也有人是为了学习和交流。但休闲体育的核心是休闲而不是其他，现代社会体育的功能和价值获得了极大的拓展，除了健身娱乐功能之外，还具有教育和社会整合等多项功能，而现代休闲体育突出了休闲的功能。

现代休闲体育以直接参与体育活动为基础，从户外到室内等活动都具备这一基本特征，这是实现休闲目的的基本需要与保证。休闲体育运动通过身体的适度活动完成休闲过程，最终实现身心调节的目的。

国内有一些学者将体育领域的休闲称为"娱乐体育""余暇体育""运动休闲"等。也有很多人认为休闲体育就是在业余时间里所从事的体育活动，这些认识模糊了休闲体育与其他运动形式之间的区别，并没有真正理解休闲体育所强调的体育的心态与生活状态。休闲体育注重人的主体性，使相关的体育活动成为人们日常生活方式的重要组成部分。休闲体育运动是人们自发自主参与其中的，从人的内心需求出发，特别强调人在体育活动中的享受。人们通过休闲体育活动能够更好地消除身心的疲劳，有助于人的精神更加饱满。

通过上述分析总结，我们将现代休闲体育运动的概念总结如下。

人们在闲暇时间所进行的以增进身心健康、丰富和创造生活情趣、完善自我为目的，选择一些比较流行的运动项目来进行身心锻炼活动。休闲体育运动具有健身、游戏、娱乐等属性，同时还具有改善与促进人的身心健康，提高人体机能水平的作用。这些属性与作用是人们日常生活所需要的，因此使休闲体育成为人们休闲生活的一种重要方式。

自改革开放以来，人们生活水平不断提高，物质条件不断改善，节假日制度也逐渐完善。正是由于时间条件、物质条件以及人们文化观念的转变，使休闲体育逐渐发展起来。如今，通过体育实现休闲的目的，已经成为人们的一种健康的生活方式和积极的生活追求。

二、休闲体育的内涵与特征

（一）休闲体育的内涵

1. 休闲与体育

休闲的时间主要是人们的业余时间，它可以是学生的学习之余，还可以是社会人的工作之余。在闲暇的时间里，人们以各种"玩"的方式实现身心的调节与放松，达到强身健体、体能恢复、身心愉悦等目的。休闲处于不断的发展和流变的进程中，而且不同人群的休闲方式也各不相同。在不同的社会发展阶段，休闲的意义也有所不同。就总体而言，休闲注重的是心情的放松和愉悦，压力的释放与宣泄，个人情感的满足与慰藉。合理科学的休闲行为能够使人体实现体能、智力、情感等各方面的调节。作为一种重要的生活方式，休闲表现出独特的价值与作用，它可以实现身心的全面发展、丰富人们的日常生活、提高人的生活质量。而体育是人类在生产生活中形成的以身体各方面活动为主的一种特殊的文化，它同时也有很多方面的类型与功能，如健身、搏击、游戏、娱乐等，对人体具有积极的影响，对人们的休闲生活有着重要的意义。体育活动需要人们直接参与，通过各方面的体育锻炼活动使人体的各方面素质得到恢复与提升。

体育并非为了空闲时间的娱乐和愉快而存在的，它是以人身体和健康的发展为最终的目的。在人们的日常生活中，随着闲暇时间的不断增多，体育作为一种休闲娱乐活动在长期的生活实践中逐渐被人们所接受。体育通过休闲和娱乐的方式逐渐得以推广，并发展成为如今的休闲体育运动。

现代体育活动项目已经很难将休闲体育和其他形式的体育活动区分开来，如网球、篮球、台球等运动，如果只是获得竞技成绩，则不能归为休闲体育运动之中；而如果只是为了放松自己、调节身心，则应该属于休闲体育。这一点认识对于确定休闲体育的性质来说是非常关键的。另外，体育休闲还可以区分为身体力行的和非直接参与运动的。身体力行的休闲体育即人们直接参与到体育活动中，从中体会到运动带来的良好的身心体验；非直接参与的主要为对体育赛事的观赏活动。由此可见，休闲体育运动涵盖的范围非常广泛，而对于研究来说，主要是针对身体力行的休闲体育运动。

需要注意的是，随着社会的不断发展，休闲体育也处于不断发展变化之中。现如今，电子竞技体育与智力体育也处于蓬勃发展之中。2008 年，我国召开了首届世界智力体育运动会，来自世界各地共有三千多名运动员共同参与了这项比赛。时间来到 2010 年以后，代表我国参加世界电子竞技大赛的运动员不断取得佳绩，其中较有代表性的如 2014 年 T14 中国军团强势回归，正赛即包揽八强五个名额，决赛更是包揽冠亚军。

2. 现代休闲体育的主体性地位

休闲体育运动有着很多的功能与作用，是人们日常生活中主体性的一种休闲方式。现代休闲体育运动备受关注，休闲体育也逐渐被纳入到高校的教学体系当中，休闲体育的研究与相关人才的培养也在各国逐渐开展。近些年来，我国学者在休闲体育方面进行了多方面深入的研究。

社会生活的现代化给人们带来便利和机遇的同时，也给人们的日常生活带来了一定的挑战。生产的社会化、规模化与规范化在提升效率的同时，也使得人们的劳动方式单调化，劳动密度增大。在人们工作投入增加的同时，造成了人们生活内容的丧失。

因此，现代人越来越重视休闲体育运动，寄希望于这种休闲方式来缓解工作中产生的压力。

长期的工作使人们产生了压抑与厌倦的情绪，而在生活中又得不到相应的释放，就会逐渐导致人体心理机能的不平衡，最终产生了相应的心理疾病。而且在单调刻板的工作状态中，使人体局部产生了劳动疲劳，如果长时间如此而得不到有效缓解，则可能导致人体相应部位的劳损。现代都市工作的上班族长时间地伏案写作或者在电脑前操作，导致身体运动能力不断下降，造成亚健康的身体状态。处于这种心理和生理状态的人们，无疑渴望着能从单调乏味的劳动中解放出来，希望自身的人生能够实现全面的复归。显然，这种解放和复归只有在他们自己能够自由支配的时间里，通过他们自己所选择的活动方式来实现。

休闲体育作为一种具有特别意义的休闲活动方式，通过特殊的渠道更能够让人们的身心获得更为全面的平衡。当人们离开工作任务繁重的车间或者办公室时，在运动中进行发泄和放松，在自然中愉悦和畅快，不再承受工作所带来的压力时，这种放松身心的快感所带来的效果是非常愉悦的。

在日常生活中，除了需要缓解生活以及工作中的压力之外，人们从事休闲体育运动还有很多的动机与目的。经过研究的归纳，我们将人们参加休闲体育的动机大致总结为以下几点。

（1）净化情感动机。人们在日常生活中经常会产生一些精神上的压力、心理上的不满或者情绪上的不愉快，通过采取休闲体育运动的方式来有效缓解这些压力，同时对于负面情绪的宣泄以及心理上的平衡具有积极的作用，有助于使人的心境恢复平静。

（2）报偿动机。在学习、工作和生活中，并不是人们所有的欲求都能得到满足，这种欲求不满会造成人们心理产生一种不满足感、挫败感。这时，可以通过某种休闲体育活动体验成功感和满足感。处于青春期和叛逆期的学生群体在学习中遇到挫折和不顺时，非常容易产生这种动机。

（3）放松身体动机。即为了缓解身体的疲劳与肌肉的紧张，通过某种休闲体育活动来使肌肉松弛，身体获得积极的恢复。

（4）发散精力动机。即希望将自己工作、学习之后剩余的精力，通过某种活动方式继续发散出来。这种动机在精力旺盛、活泼好动的青少年人群中表现尤为明显。

（5）社交动机。通过参与某些休闲活动来实现与他人交往的目的，同时提高自身的素质，实现发展自己对社会适应能力的目的。

除了以上几种主要的、具有普遍性的行为动机之外，有的人参与某种休闲活动则可能纯粹是为了得到某种感官的刺激，有的人则可能是为了逃避某些社会任务与责任。但就多数人而言，参加各种休闲活动的目的多与上述几种主要动机有关。需要注意的是，人们参与休闲体育活动的动机并不是唯一的，有时可能会在多种动机的共同作用下做出选择。例如，很多人在进行休闲体育放松身心的同时也在进行着一些社交活动。

根据生理学的相关研究，消除人体疲劳有两种方式，即积极恢复与消极恢复。积极恢复指的是借助相应的身体运动达到促进新陈代谢的过程，实现恢复的目的；消极恢复指的是自然的恢复方式，不通过运动等方式，而是通过静止休息的方式使人体实现自行恢复。研究表明，轻松适量的积极恢复方法可以起到更好的恢复效果。而且通过积极的身体恢复，人体激烈、紧张以及焦虑的情绪能够得到有效缓解甚至消除。这比单纯的身体自然恢复要更快，恢复状态更加积极。

休闲体育运动的盛行是人们生活水平提高的一个重要标志。作为最有活力、最具发展性的休闲行为方式，休闲体育运动随着城市化水平的不断提高、休闲体育设施以及场馆的不断完善，逐渐成为促进经济发展、提升城市形象以及加强精神文明建设的重要途径。现代休闲体育运动不仅能够使人们在城市紧张的节奏、狭小的生活空间中获取难得的轻松愉快，同时还能够使人们更好地感受自然、体验自然、亲近自然。

城市化进程的加速和社会变革转型的当今社会，人际关系的冷漠成为一个重要的社会问题。在进行休闲体育的过程中，有助于实现人与人之间情感的沟通与交流，使压力得到更好的释放。因此，休闲体育对于城市人群来说是一种重要的生活需要。

现如今，"花钱买健康"的观念逐渐被更多大众所接受，并且人们开始更加愿意为此做出一定的合理消费，这一理念上的转变已经开始贴近欧美发达国家的大众健身意识，成果可嘉。小康社会的休闲方式将逐渐以休闲体育为主流。居民消费结构的转换以及消费需求的扩张已成为中国经济高速增长的主要动力。同时，以休闲体育运动为主体的休闲活动也将成为我国经济的持续发展做出不可忽视的贡献。

（二）休闲体育的特征

1. 休闲体育的参与性

休闲体育运动的实践性很强，它需要人们的亲身参与，同时在进行体育活动的过程中体验并获得某种感受，或者通过自身活动的结果来表达出自己的观点或者理念。没有自己亲身的参与，就不能够从中获得那种所期望的感受，也不能够实现自己的完整表达。有些人将观看体育比赛和体育表演也纳入到休闲体育运动的范畴，并将休闲体育运动分为参与型与观赏型两种。

从客观角度来讲，观看或者欣赏体育的方式应该属于文化性休闲的范畴，而不应该纳入到休闲体育的范畴之中，因为这种方式无论怎样去欣赏体育表演，与杂技、大型综合性演出等并没有多大的区别，虽然这种现代文艺演出中经常会有演员与观众之间的互动，但我们却始终不能认定这是观众在演出。因此，休闲体育运动应该是活动者参与其中、亲身实践的过程。事实上，休闲体育运动所能够实现的各种功能与作用，都是在活动者参与过程中体现出来的。

体验是休闲体育运动参与性的一种重要体现。体验是人类进行感知的一个过程。在这个过程中，人们不断对感知进行处理，需要进行一定的情感投入。体验并不是简单的感觉，而是一种感觉的深化与发展，它需要对某种行为做出有意识的解释，它是与当时的时间与空间紧密联系的精神过程。休闲体育运动正是一种直接的身体体验活动，在人们进行身体体验的过程当中，会产生一定的情感、情绪以及心理体验。

2. 休闲体育的层次性

休闲体育运动的层次性包含了三个方面的内容：一是活动人群的年龄层次；二是活动内容的难易层次；三是活动方式的经济消费水平层次。这几种层次的划分具有非常重要的社会意义，同时也表现出休闲体育研究的不同视角与内容。

一般而言，不同年龄阶段的人有着各种不同的需求与爱好，这种需求与爱好对于人们体育休闲方式的选择会有直接的影响。

少年儿童一般会对一些新奇的个人活动，如滑板、轮滑、小轮自行车等感兴趣；青年群体则对具有一定挑战性和对抗性的活动更加感兴趣，如足球、篮球、网球等；中年人更加注重体育活动的品位和档次；而老年人则喜欢交流互动性较强的活动。在通常情况下，年龄因素是体育休闲活动进行分层的主要的甚至是决定性的因素。

内容的难度是完成活动所要求的技术标准高低的问题，这是一些人选择体育休闲活动方式的一种依据。这种选择主要是由活动者对自己运动能力的评价所决定的，运动能力比较强的个人，一般情况下会选择一些技术动作难度较高的运动项目；而个人运动能力自我评价较低者，更偏重于选择那些无须多大努力就能够做到的活动项目。

活动方式的经济消费水平是一种具有显著社会性特征的分层，与个人的社会身份以及阶层的表征具有密切的联系。一些体育休闲活动方式明显属于高消费，这些活动的参与者必须拥有相当雄厚的财力，并带有明显的炫耀性消费特征；而另一些体育休闲活动方式则可能对个人的经济情况有一定程度的要求，不仅可以显示出个人的身份地位，同时还能够表现出个人的运动能力；一些人更愿意选择那些不需要太大开销，就可以开心愉快活动的运动项目，他们也没有多余的金钱花费在休闲体育活动当中，所以他们也不在乎自己玩的活动属于哪个层次。

有很多形式的消费，在开始时是奢侈，但是随着社会的不断发展，这些形式会逐渐大众化而成为人们必要消费的一部分。休闲体育运动同样是这样一种演化的趋势，许多运动项目在开始时总是只有少数人才能够参与的活动。在这种情况下，这些项目或者活动完全成为个人身份的一种标志。至少在一定时期内，这样的项目或者活动一般是一定社会阶层所特有的，是具有炫耀性消费特征的休闲活动。例如，保龄球运动在传入中国之初几乎是白领阶层的运动，能不能玩得起首先取决于个人是否具有足够的经济实力。因此，在这段时期当中，保龄球运动成为一种能够区分社会阶层的活动。随着国内保龄球馆的增多，价格的大幅度下调使得这种活动逐渐走向大众化，其之前所具备的社会区分的作用也就在大众化的过程中逐渐消失，成为一种一般性的体育休闲活动。

3. 休闲体育的时尚性

在经济、文化高度发展的当今社会，参加休闲体育活动已经成为一种社会时尚。一方面，人们进行体育休闲活动能够表明自己与某个社会阶层的平等性等级，另一方面则以此表明自己与另外某个阶层之间所存在的差异。因此，时尚性是休闲体育运动的一种较为典型的特点。人们参与体育休闲运动时的动机、目的、心态、情感等一般情况下会处在舍勒贝格所表述的时尚双重性之中。例如，人们在进行体育活动时，总是要遵守这种活动的规则与方式，但在进行休闲体育运动时，人们却总是不情愿遵守这些活动规则以及相关规范，因为这些东西多少会造成一种文化性的压力，而休闲体育运动恰恰是试图摆脱各种外在压力的一种行为方式。

根据舍勒贝格的理论来分析，参与休闲体育运动的人们和休闲体育本身完全具有现代时尚的几个重要的双重性特征。例如，休闲体育一方面并不在乎物质的和实际的东西，但同时又始终不能够脱离那些具体的东西；人们对于休闲体育的态度也包括了积极参与以及完全无所谓两种对立的情绪；人们总是试图逃避责任，却在休闲体育中必须承担相应的责任等等。

时尚性是一种社会事物与社会发展的趋势以及社会需求协调统一的表现，人们对体育的需求由于社会物质文明的不断发展而逐渐强烈起来。一方面，作为新时代的青年人不只是时尚的代表，同时也是时代风气的传播者；另一方面，由于青年人充满了青春活力，是"娱乐的先锋"。体育不仅是一种表现青春活力的载体，还能够让他们产生愉悦的情感，形成一种良好的交流与互动，同时还可以宣泄情绪以及发散多余的精力。因此，在现代社会的不同时期，休闲体育一般都会成为青年人的一种时尚。

随着经济社会的不断发展，人们的思想意识也在不断进步，新的休闲体育运动不断被创造出来，并在全球化的社会背景下迅速向全世界范围内传播，逐渐演变为一种全球性的休闲体育运动。在信息高速传播的今天，人们不断接受着新的思想与内容。因此，一种休闲体育运动形式很快会被另一种形式所替代，这种快节奏是社会发展的鲜明特点。

新的休闲体育运动的产生与发展，总是先在少数人当中流行与传播。人们一方面通过参与休闲体育运动以表明自己的某种身份或地位，另一方面则以此表现自己与另外某阶层存在的差异。例如，高尔夫球运动在流行之初被标榜为贵族富人的运动，因此有很多富人都"被热爱"上了这项休闲体育运动。因此，时尚性是休闲体育运动的特点之一。

4. 休闲体育的流行性

流行性指的是某种社会事物具有非常广泛的影响，同时形成了一种时尚性的外在表现，而流行常常是时尚的结果。在现代社会中，由于人们的物质生活和精神生活得到了前所未有的升华，因此，休闲活动已经成为人们生活活动的有机组成部分，而在众多的休闲活动中，休闲体育运动又因为自身的特点成为人们选择休闲方式中的首选。在现代社会条件下，各种新的体育休闲活动项目不断地被创造出来，由于传播媒体的作用，很多项目都会在较短的时间内向全世界范围内迅速传播，并逐渐成为国际性的体育运动项目，奥林匹克运动会项目设置的不断扩张就是体育运动流行性的典型表现，并表现出明显的流行性特点。

体育休闲运动的流行性主要是从其活动项目的迅速风行于世而后又逐渐消失中表现出来的。

这种体育活动通常会在短时期内在一个地方迅速流行开来，成为人们在休闲时间里非常热衷的活动。当然，与其他具有流行性特征的事物一样，这种或者那种体育活动或许在风靡一时后，又很快地销声匿迹，进而又有另一种让人愉悦接受的新体育项目取而代之。

实际上，休闲体育运动所具有的这种流行性特点完全是由人的自由时间与人性特点所决定的。当人们拥有了大量的自由时间之后，如何支配和利用这些时间便成为人们面临的一个重要问题。体育运动不仅有利于身心健康，同时又有助于打发时间，自然会成为人们休闲的首选。然而，人们对休闲活动的选择同时也是相互影响的，体育项目的流行机制之一就是这种相互影响作用。人们求新求异的意识是他们不断地放弃旧的活动，追求新的活动的动因所在，这是一种体育项目能够迅速流行起来而后又逐渐消失的原因。当然，周而复始也是社会事物发展的一种具有规律性的特点。休闲体育运动也是如此，可能经过一段时期之后，一个曾经流行而后又消失的体育项目再次流行开来，并被另外一代人广泛地接受，这是一种客观的自然规律。

5. 休闲体育的时代性

休闲体育是在一定的历史阶段、一定的文化背景下产生并逐渐发展起来的。在不同的历史时期，其物质文明和精神文明也各有不同，因而所产生的休闲活动方式也各不相同，体育休闲活动也是对应不同时代的要求和进步而演变和发展起来的。

通过观察历史的发展进程可以发现，不管是在什么时代，体育活动总是可以现身于社会当中，成为民众喜欢接受和参与的休闲活动方式。即使是在神权统治之下的中世纪（5～15世纪）的欧洲，难抑制民众追求身体游戏的需要，少年儿童始终是游戏的先锋，他们将武士的打斗也变成自己进行身体娱乐的活动形式。当然，休闲体育运动毕竟是社会文明的一种表现，在很多情况下，它与社会科学技术的发展水平都有密切的关系。我们能够看到，如今所流行的体育休闲活动与上个世纪初发生了很大的变化，如今的体育休闲活动通常是与科学技术以及材料革命相结合，而之前的活动更加倾向于进行身体的自然活动。

6. 休闲体育的自发性

自发性是自觉意识的一种体现，尤其是在社会高度发展的当今社会，休闲不再只是劳动之余的一种休息与放松。随着人们自由时间的逐渐增多，休闲已经成为每个人基本的生活权利，成为个人生活的有机组成部分。现代人具有充分的自由意识，人们对自由时间的支配权能够在休闲体育运动中充分的体现出来。

三、休闲体育的功能与价值

（一）休闲体育的基本功能

1. 健身功能

实践证明，在闲暇时间经常进行休闲体育活动是保持身体健康、强健体魄的一项有效措施。随着年龄的逐渐增长，人体会出现各种老化现象，随之而来的就是各种疾病的产生。研究发现，动脉硬化在脑力劳动者中发生概率为 14.5%，在体力劳动者中仅为 1.3%。我国传统的养生学一直都非常强调运动对于人体的重要作用。有研究者对长期参加跑步的 40 名中老年人进行研究发现，他们的发病率一般都很低，心肺退行性变化推迟十年甚至更长时间。正是由于平时坚持参加适宜的长跑运动，才改善了心肺功能，调节了身心。

随着社会的不断发展，"职业病"和"文明病"逐渐增多，人们越来越意识到身体健康的重要性，"生命在于运动"的观念逐渐被人们所普遍接受。在日常的工作生活中。人们开始逐渐重视体育运动的功能与作用，在空闲时间里参与各种休闲体育活动，以此来弥补或消除由于缺乏运动所造成的负面影响。通过参与这些内容丰富、形式多样的休闲体育活动，人们能够获得健康的身体与愉悦的身心，而作为一种能够保持并提高健康水平的体育运动，休闲体育活动是最积极、最有益、最愉快的休闲方式之一。

休闲体育运动之所以不断受到人们的重视，与自身所具备的特点密切相关。总体来说，我国的竞技体育、学校体育、群众体育的发展或多或少都带有一定的强制性，而实践则要求过去的封闭体育向开放体育过渡、计划体育向市场体育转型。面对这种情况，"终身体育"和"健康第一"的观念逐渐被人们所认可并接受。

"终身体育"的理论与理念之所以能被人们广泛地接受，与人们对健康的需求密不可分，它作为一种理论基础，对人们的健身意识具有积极的推动作用。此外，通过人们的实践，休闲体育活动以其趣味性与娱乐性吸引着大众的目光，从而促使人们产生了强烈的休闲体育健身的欲望。

作为一种丰富人们精神文化生活的运动，休闲体育运动具有重要的作用。它能够发散人们多余的精力，消除疲劳；净化人们的情感，缓解心理压力；回报社会，获得更多的成功感和满足感；提高人们人际交往以及社会适应能力等。除此以外，休闲体育活动的内容繁多，形式多样，并不需要有高规格的场地设施与器械，对技术动作也没有硬性的要求，可以进行自娱自乐，也可以与群众互动参与。在参与休闲体育运动时，没有身份、地位的区分，也没有职业、性别以及年龄的分别，每个人都能够从中获得休闲的乐趣，具有愉悦身心的作用。休闲体育运动的参与有助于人们摆脱以工作为中心的单调生活，更好地感受生命的意义与价值，享受生活的乐趣，从而为终身体育的推广和普及创造良好的基础。

2. 娱乐身心功能

休闲活动是人们在闲暇时间里自愿选择与参加的活动。而娱乐则指的是有组织、有益于个人及社会的休闲活动。自我满足、即兴自发的游戏与有组织有目的的娱乐活动刚好是相对的两种休闲形式。休闲体育运动表现出内容丰富，形式多样，并富有挑战性、刺激性、新颖性以及艺术表现性等特点，使人们在参与休闲体育活动中，充分享受到体育的乐趣，在表现和展示自身才能的同时，获得身心的愉悦和满足，这是现代休闲体育最重要的功能之一。

（二）休闲体育的经济功能

从社会经济学的发展角度上看，社会生产力的发展情况决定了社会价值观对休闲体育的看法。例如，在生产力有限却急需大量工人参与劳动的工业革命时期，休闲一度被认为是阻碍生产力发展的，是一种放纵与浪费的代表。当时，整个社会的经济体制更加倾向于资本积累，而既作为不生产的时间，又作为不必要消费的休闲自然而然成为受谴责的对象。但是随着社会生产力的不断提升，人们早已不满足于单调的生产生活，他们将自身的生活关注点逐渐转移，而资本家们发现了工人的这一思想转变后，为了保持工人的情绪和劳动力构成的稳定，也支持了休闲运动的发展和普及。再到后来，人们逐渐意识到休闲体育产业已经成为当今极具生命力的产业部门之一。从国际经济范围来看，休闲消费占据了很多发达国家家庭消费总额的大部分。作为体育产业相当发达的国家之一的美国，其体育产业总产值在 20 世纪 80 年代就超过石油化工（533 亿美元）等传统产业，约占 GDP 的 1%，在各大行业产值排名第 22 位。

如今随着旅游业的不断发展与兴盛，出现了很多以休闲体育为特色的旅游城市，这就为城市开发提供了源源不断的经济动力与支持。吸引更多地体育爱好者前来观光休闲，这逐渐成为休闲体育城市的一项重要产业，同时具有非常可观的经济前景。

休闲体育运动的经济影响力在房地产领域也有所体现。在房地产业再次成为国民经济重头戏的今天，人们购房的选择已经不再仅仅以房价、房屋面积、楼层等硬性指标为固定标准，而是将关注的目光更多地投向了社区的舒适性、方便性以及合理性等方面。在"科学运动，健康生活"这种现代生活新主张的引领之下，对休闲体育设施配套状况的关注也在全民健身运动的热潮中再次兴起，成为住户购房时比较权衡的一项重要因素。由于进行休闲体育运动变得更加方便可行，居民的身体健康状况得到了很大程度的提升，而位于国民消费三大开支之列的医疗费用也随之有明显下降。休闲体育运动已经逐渐成为深入我国大众生活最为普遍的一种社会现象和经济现象，并且不断地广泛传播开来。

需要注意的是,我们应该正确处理休闲体育的价值取向问题,只有将休闲体育运动纳入社会主义精神文明建设的轨道上,才能够为人们生活质量、精神境界、道德情操的提高以及社会文明的进步服务,才能够切实保证休闲体育向着健康、积极向上的方向不断发展。

(三)休闲体育的社会功能

依据社会学的相关标准,西方发达国家早已经步入到后工业化社会,而中国则正处于前工业化社会时期。前工业化时期,人们的生活方式主要表现为忘我工作,紧张学习,闲暇时间无情地被抛弃;而到了后工业化社会,人们就会将更多的注意力用于自我实现,是一个充分欣赏生活的社会阶段。

休闲体育作为从前工业化社会向后工业社会过渡阶段的产物,在前工业化时期中萌芽并不断成长,继而在后工业化时期实现蓬勃发展,它给社会在物质高度发展的阶段带来了精神上的同步发展。休闲体育运动所代表的是一种积极向上的生活方式,其社会功能在一定程度上减少了年轻人的暴力行为、吸毒等现象,同时增强了老年人的体力与智力,帮助老人克服孤独感等。目前,我国正处在经济高速发展的时期,经济发展的不平衡性必然会导致一部分城市在较短的时间内完成向后工业社会的过渡。在这样一个过渡时期,休闲体育运动发展的水平应该作为社会发展程度的衡量标准之一,尽可能地将休闲体育纳入到社会主义精神建设的轨道上来,并尽量在和谐社会的发展进程中得到体现。

(四)休闲体育的文化功能

从概念上来说,文化分为广义与狭义两种含义。广义的文化指的是人类所从事的各种各样的社会活动,以及在这些社会活动中所创造出的一切成果。它包括人类社会生活的各个层面,不仅包括物质产品,同时还包括精神产品,另外还包括各种社会现象与社会事物等。狭义的文化指的是与精神生产直接有关的精神生活、现象以及过程。它是相对于物质文化来说的一种精神文化,仅仅是指人的精神生活领域。它主要包括三方面内容,即价值观、社会意识或思想、道德。文化是人类特有活动的一种积淀,它具有社会属性的概念,而休闲体育运动是人类社会发展到一定阶段的产物,是一种特殊的社会文化现象。

人们的休闲时间也可以说是一种资源或者财富。人们所从事的休闲体育活动,是人类创造性的发展,是人本质力量的证明以及人本质的一种充实。从经济学角度来看,只有不断提高人的素质这一生产力中最为重要的因素,才能从根本上促进生产效益的提高。

社会文化生活的内容是丰富多彩的,而休闲体育作为社会文化的一种形式,更具有文化的韵味。休闲体育运动不仅仅满足人们娱乐性与消遣性的需求,满足对美的需求,同时还能够满足自我发展的需求。休闲体育运动为人们的精神文化消费提供了更为丰富的内容与形式,是人们社会生活中的有机组成部分。人们越是有更多的休闲时间,就越需要理智,需要正确的引导,否则就会给社会带来一些不必要的负担。例如,社会上发生的一些由于休闲所导致的孤独、自杀与犯罪，由休闲而产生的失落感与愧疚感，进而导致心理状态的失衡等情况，这些都是因为休闲生活内容的不充实、简单无聊所造成的。因此，休闲体育运动的不断普及与发展，对于社会良好风气的形成具有重要的推动作用。休闲体育运动非常注重休闲内容的丰富性与趣味性，强调迎合大众的口味，运动本身不仅是人类健康身体的自然需要，还能够在运动过程中让氛围更加轻松和谐，充满了和谐。因此，休闲体育运动不仅有助于提高人的整体素质，同时还对精神文明的建设具有重要的推动作用。此时，休闲体育运动就表现出一种强烈的文化功能。

（五）休闲体育的教化功能

休闲体育运动的教化功能主要是指它对人的思想和行为的引导具有非常积极的作用。现代休闲体育运动包含很多的内容，它不只是一种单纯的娱乐性活动，更是一个个体进行自我学习与完善的教育过程。

个体在进行休闲体育运动的过程中，不仅能够学到休闲体育运动的相关技术，同时还可以发展体能、培养人际交往能力、增强自信心、培养协作精神与竞争意识。此外，在参与休闲体育运动的过程中，人们还能够汲取到相关学科的知识，有助于身心得到充分自由的均衡发展，从而实现自我的完善与发展。

在未来一段时期内，休闲体育运动的教化功能还将继续影响不同年龄阶段的参与者。随着我国体育事业的快速发展，我国普及休闲体育活动的条件已经初步形成。一方面，中老年人对掌握一门健身娱乐的运动方法来充实自身闲暇实践的需求逐渐增大，另一方面，中青年人更为迫切地需要通过休闲体育运动这种方式来缓解日常工作生活中的紧张与烦恼。休闲体育运动以其特有的身心复原作用与经济学价值在其中发挥着很大的作用。总而言之，休闲体育运动将以培养人类健康身体的方式来提供更多地快乐与享受，它是人们未来享受生命的重要方式之一。

第二节　休闲体育健身的原则

一、主动性原则

在参加休闲体育运动时要有明确的目的，这样运动健身的积极性和主动性才会较高，并且能够长期坚持下去。休闲体育运动健身者在健身时坚持主动性原则，应该做到以下两个方面的要求。

（一）不断提高对休闲体育健身的认识

坚持主动性原则要求休闲体育运动健身者积极进行休闲体育理论和技能方面的学习，提高对休闲体育健身的认识，这样才能够表现出更高的主动性。

（二）具有明确的健身目标

人的动机对其行动能够产生重要的影响，决定了所要采取的行动的质量。休闲体育健身者在进行运动时，应具有明确的健身目标，这样才能够为了目标而主动进行休闲健身运动。比如有人参与运动健身的目的是更健全地生长发育；有人的目的则是对紧张的学习生活进行调节；有人是为了变得更健美结实；还有的人则是为了进一步地锻炼意志、防治疾病等。不管他们的目的是什么，都要首先将运动健身的目的明确下来，这样才能够更加积极主动地参与到运动健身中，进而取得理想的健身效果。

二、针对性原则

不同的人会有不同的生理特点，在进行休闲体育运动健身时，要具有针对性。运动者应根据个人实际以及客观条件，合理确定运动健身的内容、方法、手段和负荷等，使之更符合健身者个人实际情况。另外，不同的地区有其相应的地区特点，休闲体育运动项目也会有其地域特色，在进行健身时，应根据外界环境和气候特点等进行休闲运动健身。总的来说，主要表现在以下两方面。

（一）针对外界环境

参与休闲运动健身时，要从季节、气候、场地、器材等外界条件的实际情况出发，坚持科学的健身方法，合理选择健身的时间和健身的方式，从而使得健身效果最佳化。

（二）针对自身的实际

由于休闲体育健身者的性别、年龄、体质和健康状况等方面都或多或少地存在着一定的差异性，这就要求健身者应从自身的实际情况出发，有目的地选择和确定运动项目、健身方法，合理安排运动的时间和运动健身的负荷，这样才能够取得理想的健身效果。需要注意的是，运动健身者应对自身的身体状况有着清晰的认识，避免运动量超过自身的承受能力，这样不利于人体健康的发展。

三、经常性原则

经常性原则就是指人们参加运动健身要持之以恒，坚持长期、不间断地进行。不管是运动技术的形成和提高，还是人体各组织系统机能的改善，都是肌肉活动反复多次强化的结果。如果不经常进行运动健身，后一次进行运动健身时，前次健身的痕迹已经消失，这就使得健身累积性的影响作用消失，因此取得的运动健身的效果也就微乎其微，甚至起不到任何作用。除此之外，运动技能的形成，人体结构、机能的改善，身体素质的提高，都受着生物界"用进废退"规律的制约。如果不经常进行运动健身，已取得的效果也会逐渐消退。"逆水行舟，不进则退"就生动形象地说明了这一道理。

在运动健身过程中贯彻经常性原则，有以下两个方面需要注意。

首先，养成经常进行运动健身的习惯。运动健身所带来的健身效果随着时间的流逝是会减小甚至消失的，因此，这就要求健身者坚持长期有规律地运动健身，这样才能使良好的健身效果得到有效的保持。

其次，健身目标和健身计划的设定要科学合理。把经常性健身作为培养毅力、锻炼意志、陶冶情操的手段和过程，尽可能地将各种因素的干扰排除掉。

在休闲体育运动健身时，应坚持适量性原则，即运动健身锻炼应该有适宜的生理负荷。运动刺激的强度决定了运动健身效果，只有适宜强度的运动健身锻炼，才能够起到良好的健身作用。在休闲运动健身时如果刺激过小，就难以引起机体的有效反应，产生不了预期的健身效果；如果刺激过大，则会对机体造成一定的损伤。因此，只有适宜的强度，才能有利于能量消耗的恢复和超量补偿。人们在参加休闲体育运动健身时要量力而行，将自我感觉和生理测定有机结合起来，如果健身后出现头晕恶心、四肢无力、精神萎靡等症状，这有可能是运动量过大造成的，这时就要求休闲体育运动健身者及时对运动量进行调整。

人体在进行运动健身时，如果能量消耗过多，就会导致疲劳的产生。适当的疲劳在经过一定的休息和恢复后，其症状是能够逐渐消失的，人体机能水平也会得到一定的提高，这时通常会产生较为显著的健身效果。需要强调的是，过度疲劳不仅不会取得理想的健身效果，还会对身体健康造成影响。

需要注意的是，在保证适宜负荷的前提下，运动健身中应注意逐步增加运动负荷，保证机体机能的不断提高，同时还要对健身和间隔时间进行科学合理的安排。

五、全面性原则

（一）对体育健身活动的内容和方法进行合理选择

在休闲体育健身时，健身者在生理特点、运动爱好、职业特征等方面都有一定的差异性。这就要求在组织和开展一些集体性休闲体育运动时，要以每个健身者的身心特征与实际情况为依据，对与健身者身心特征和实际状况相适应的健身内容、方法和手段进行科学合理的选择，使健身者能够在健身的过程中将自己的优势展现出来，享受乐趣，实现身心愉悦与健康的健身目的。

休闲体育运动项目丰富多样，不同的健身人群都能够找到适合自己的健身项目，不同层次的健身群体都能够从中满足自身的健身需求。不同的休闲体育运动健身项目会从不同方面与程度对健身者身体机能与身体素质产生相应的影响。休闲体育健身方法的不同也会影响人体各方面表现出不同的特征。即使是同一休闲体育健身项目，如果健身的手段不同，也会取得不同的健身效果。健身者在健身过程中要注重机体的全面发展，使身体的各个器官、各个部位及各方面的素质都得到发展。

（二）促进健身者身体机能与素质的全面均衡发展

尽管参与者参加休闲体育健身的具体目的与要求不同，但绝大多数参与者均渴望通过休闲体育健身来促使身心得以全面发展。人体的各个器官与部位都是相互联系的一个统一体，身体某一方面的发展或者功能的下降都会对其他方面的发展与健康状态造成影响。不同的休闲体育健身内容与方法会在不同方面影响健身者。只是单一地想要强健某一身体部位，或者促进某一身体机能的发展是不可取的，这样不会有效促进生理机能的全面提高，对身体素质的发展也是不利的。休闲体育运动健身者要想促进自身身心的全面发展，就要积极开展多种形式的休闲体育健身活动，使得各个身体部位都能够得到一定程度的锻炼，促进身体机能的全面发展。

六、循序渐进原则

循序渐进原则是指休闲运动健身的内容、方法和运动负荷等，必须根据人对事物的认识规律、动作技能形成规律和生理机能的负荷规律，由小到大、由易到难、由简到繁、由低级到高级地逐步进行。例如，在进行爬山运动时，可先学习和掌握一些爬山运动的基本常识和基本技能，然后从一些不高的小山开始，逐渐增加难度。

在休闲体育运动健身中，急于求成是最不可取的，如果想要取得立竿见影的效果，不仅会事与愿违，严重的还会对身体健康产生不良影响，甚至造成不必要的运动损伤。因此，休闲体育运动健身者在进行运动健身时，一定要由易到难地掌握动作，运动量由小到大，运动强度也应由弱到强。

七、及时恢复原则

及时恢复原则的生理学依据是人体功能能力和能量储备的"超量恢复"机制。人体运动技能的增强是通过各个系统、器官、组织甚至细胞对运动刺激逐渐产生适应，并经过长时间的工作、疲劳、恢复、超量恢复以及消退等多个阶段的循环最终实现的。当前，大众体育健身活动的参与者在进行休闲体育运动健身时通常重视健身而忽视休息缓解疲劳，从而造成疲劳的积累，对其工作和生活造成不良的影响，这就是违背恢复原则而造成的不良后果。在进行休闲体育运动健身时，应该注重疲劳的及时消除，可通过积极性休息、合理安排饮食等方式来消除疲劳。同时还应避免过度进行休闲体育健身。

健身者在进行休闲体育运动健身的过程中，应该将负荷与恢复这两者有机结合起来。恢复过程能使被消耗的能源物质得到补偿，而运动健身的超量恢复原理也指出，在运动健身中重视机体超量恢复是提高机体机能的基础。

八、安全性原则

休闲体育运动健身是为了增强体质，促进身体健康，对安全性的考虑是必不可少的。运动损伤不可避免，在运动锻炼的过程中应该关注个人安全和健康，避免意外事故的发生。在进行运动锻炼之前，应该全面熟悉项目的内容、规则、形式、服装、场地器材和季节气候等一切因素。在锻炼过程中确保自己处在安全的环境中，同时，应该增强自我保护意识，避免意外受伤。在开展相应的休闲体育活动，尤其是一些户外休闲体育活动之前，应该了解户外运动的基本常识，掌握相应的运动基本技能，这样才能够保证休闲体育运动的安全。

人们在参与休闲体育运动健身锻炼时，首先要充分估计自身的客观条件，选择适合自己参与的健身项目，进而保证在锻炼过程中减少运动损伤的发生。很多休闲体育运动锻炼在户外进行，练习时应选择合适的练习环境，如平坦的道路（不妨碍交通），宽阔的场地，注意周边的建筑和行人，以保证健身者自身的安全和周围人群的安全。此外，健身者在着装、装备等方面也要注意安全。例如，穿合脚的软底鞋、合适的服装，佩戴遮阳帽、护膝、护踝等。身上不应有妨碍运动的坚硬、尖锐物品，如胸针、耳坠、钥匙链、纪念章等。在进行集体锻炼项目时，如越野跑、登山时，要注意参与者之间的保护与帮助，确保团队成员的安全。

总而言之，上述各项休闲体育健身锻炼的原则是相互联系的，是一个有机的整体，要在休闲体育健身锻炼过程中全面贯彻，并结合锻炼手段、方法加以综合运用。同时，休闲体育运动有自身发展的科学体系与运动内容。所以，在休闲体育运动健身过程中，在遵循基本的健身原则的同时，更要遵循基本的休闲体育运动发展的规律。

第三节　休闲体育健身的方法

一、休闲体育健身的方法

在进行休闲体育运动健身时，有多种方法，对运动训练的方法进行总结和分析，可将其应用于体育运动健身中。具体而言，这些健身方法主要包括以下几种：

（一）持续健身法

持续健身法，就是以保持有价值的负荷量为目的而不间断地进行活动的方法。持续健身法有着较为显著的作用，其主要表现为：把负荷量维持在一定水平上，使健身者的身体能充分地受到健身的作用。从谋求良好的健身效果出发，在讲究重复和间歇的同时，对连续也是较为讲究的。可以说，重复、间歇、连续三者都应在健身过程中得到统一发展，并发挥各自的作用。除此之外，还要以负荷价值有效范围来将持续练习时间的长短确定下来，这样可使机体的各个部位长时间地获得充分的血液和氧的供应，因而能够使有氧代谢能力得到有效增强。在实践中，用于持续练习的主要是那些较容易并已为运动者所熟悉的动作，跑步、游泳，甚至是迪斯科舞等都是较好的选择。

（二）重复健身法

重复健身法是指健身者在相对固定的条件下，按照计划和要求反复练习同一内容的方法。这种方法并不是针对所有的情况都适应，其有一定的适用范围，具体包括以下几个方面：运动负荷较小或用时较短的项目，重复练习可增加练习强度和时间，这对于练习效果的提高是有帮助的；适合于动作技术比较复杂、难于掌握的项目，通过反复练习，对动作技术的学习和巩固有一定帮助；适合于运动负荷安排较大、难以一次完成的练习。

重复健身法在练习过程中每组或每次练习都要安排一定的休息时间，且每次（每组）练习的距离、时间、强度、间歇时间和练习的总次数要合理和固定。另外，在采用重复健身法进行运动健身时，有以下几个方面需要注意：

首先，将要包括重复的总次数、每次练习的距离或时间、每次练习的强度及间歇时间等在内的重复的要素合理确定下来。

其次，要使每次练习的质量得到有力的保证。

再次，要注意克服单调、枯燥及厌烦情绪。

（三）变换健身法

变换健身法是指在改变健身内容、强度和环境的条件下进行健身的方法。变换健身法主要应用于对练习项目、练习要素以及运动负荷、练习环境和条件等的改变之中。通过变换健身法的应用，能够有效地调节生理负荷，提高兴奋性，强化锻炼意向，克服疲劳和厌倦情绪，从而达到有效提高健身效果的目的。

在采用变换健身法时，要注意以长远计划和实际需要为依据，给机体一个逐渐适应的过程，切忌急于求成。除此之外，还应该积极积累和收集反馈信息，并且以此为依据，不断对健身计划和方式进行适当的调整。与此同时，还要对练习结果进行及时的总结，为制定新计划提供相应的依据和支持。需要强调的是，变换练习法应是短期和非经常性的，这就要求在达到变换的要求之后，应尽快转入常规练习，如果变换时间过长或者过于频繁，那么这对于原练习方案的实施是不利的。除此之外，在采用变化练习法时，还要求把注意力集中到所要解决的任务上，要自始至终都对变换练习的目的引起重视。

（四）循环健身法

所谓的循环健身法，就是把具有不同健身效果的项目依次排列成若干个"站"，然后按一定顺序作往复健身的方法。通过这种方法的应用，往往能够获得综合健身、全面发展的良好效果。在运用本练习法时，要把握好的一个关键点，就是要按照全面性原则来对项目进行合理的搭配。针对青少年来说，他们在进行休闲体育运动健身时，既要发达四肢，也要发达躯干；既要运动胸背部，又要运动腰腹部；还要追求形态的健美，同时机能、素质的全面发展也是需要注重的一个重要方面。为此，就必须科学地搭配项目。以已有的经验为依据，通常会选择 6 ~ 12 个为健身者掌握的简单易行项目。另外，需要注意的是，上肢动作与下肢动作、剧烈的跑跳练习与尽力憋气动作之间的合理交替要合理搭配。

最后，为了保证健身的效果，需要强调循环健身的各个项目都要用比较轻度的负荷进行练习，通常为本人最大负荷量的 1/2 ~ 1/3 的强度即可。随着机体适应程度的提高，循环的次数和各个项目的练习强度也要得到及时的增加。

（五）间歇健身法

间歇健身法是在两次健身之间，规定一个严格的休息时间，在健身者机体尚未完全恢复的情况下，就进行下一次健身的方法。由于间歇练习法具有两次练习之间休息时间短、机体尚未完全恢复的特点，因此，这种方法能够使机体运动负荷得到有效的提高。

通常情况下，人们有着体质增强的过程是在运动中实现的观点。实际不然，体质内部增强过程主要是在间歇中实现的，是在休息过程中取得了超量恢复。如果没有休息中的超量恢复，运动就不存在任何意义。对于体质的增强来说，间歇的作用甚至要大于运动本身。

一般来说，可以以健身者个人身体机能状况为依据，来确定间歇练习法中间歇时间的长短。通常情况下，身体机能状况稍差者，间歇时间可稍长一些；反之，则间歇时间应该短一些。一般以心率每分钟 120 次左右为宜。在间歇过程中，为了使血液回流加快，保证氧气的供应，应进行一些如慢跑、按摩和深呼吸等积极性的休息和放松。需要特别注意的是，间歇练习法对机体的机能有较高的要求，这就要求健身者根据自身实际情况，加强对负荷的监测。

（一）渐进式地增加负荷的量度

在休闲体育运动健身实践中，随着健身水平的提高，负荷的量度也需要适当进行加大，这样才能得到理想的健身效果。负荷的增大是一个循序渐进的过程，其增进的形式可分为以下四种：

1. 直线式递增

运动负荷直线式的增加上升。直线式递增方式通常负荷的强度变化不是很明显。负荷的上升主要是基于练习的次数、时间、距离及重量的不断增加。所以，这种负荷增加的方法主要适用于负荷起点较低的初学者。

2. 阶梯式递增

练习一段，保持一段，每增加一次负荷，几乎要保持一周的时间。若以日为单位，负荷呈阶梯式上升；若以周为单位，负荷则表现出斜线上升的趋势。这种增加负荷的方式，对优秀运动员、等级运动员及初学者都适用。

3.波浪式递增

负荷的递增负荷有以下的规律：负荷的增加要有起伏，每一次负荷的下降比上一次的最高负荷稍低，然后再提高到新的水平。这样的提高方式既能保持相对较高的运动负荷量，同时，又能使机体得到相应的休息。依此规律，始终按波浪式上升，此时无论连接波峰或波谷，都表现出斜线上升的趋势。这种增加负荷的方式对优秀运动员、等级运动员及初学者都适用。

4.跳跃式递增

运动健身负荷按跳跃式增加。该种方法主要适用于优秀的运动员，当运动者达到一定的水平后，人体各器官会形成一定的行为模式，从而使运动能力停滞不前。突然增加健身负荷能够给机体强烈的刺激，有助于打破僵局，从而提高运动成绩。跳跃式增加负荷的主要作用是：有利于运动员打破机体不同系统之间旧的牢固联系，促使其在新的水平上建立新的联系，求得运动者承受负荷的能力产生突破性的提高。

（二）积极进行负荷和健康的诊断，并制定健身计划

同一负荷量度对于不同的运动者可能会起到完全不同的健身效果，同时，运动负荷还受到多方面因素的共同影响。为了在健身过程中及时把握运动者不同时期的运动能力状况，以便准确地判断负荷的适宜度及恢复程度，从而决定健身中应采取的相应对策，就必须建立科学的诊断系统，选取可靠的指标，在恰当的时间用科学的方法客观地进行准确的诊断。

在生活中，可能由于繁忙、生病、受伤、意外事件等各种原因而不得不中断健身锻炼。这时，就要根据中断休闲体育运动的原因，重新制定一个休闲体育运动锻炼计划并实施。制定可操作的练习计划不仅能够克服一定的惰性，还能够使健身锻炼有一定的规律性，使健身效果更好。在制定休闲体育运动健身计划时，应根据自身实际情况和运动健身规律进行，避免不切实际的情况。

一般而言，志同道合的休闲体育运动伙伴，对保持运动持久性有极大的帮助。人总是有些惰性的，若有比较知心的朋友、同事、邻居一同参加，相互陪伴、指点、鼓励，既可增强彼此的自信心，又可消除孤独感和单调感，对坚持参加锻炼有一定的作用。在进行相应的休闲体育运动健身时，应多结伴友，增加大家的集体归属感，这样运动才能坚持下去。

（三）正确处理负荷与恢复的关系

运动健身会增加人体能量的消耗，造成人体不同程度的运动性疲劳的出现，疲劳的恢复是运动健身中的重要环节。健身离不开恢复，没有恢复，负荷只会导致运动者机体能量物质的消耗，导致运动者机能的下降。有学者认为，运动健身产生的健身效果正是在机体恢复阶段显现的，因此良好的机体恢复有助于身体体能的巩固和提高。

为了使健身取得效果，提高运动者的运动能力，就必须高度重视恢复。在现代运动

健身中，越来越重视负荷与恢复的协同效应，不是在负荷后运动者也疲劳时才考虑恢复问题，而是在计划负荷的同时，就应考虑到负荷后的恢复问题。疲劳如果不能及时恢复，不仅会对健身造成影响，甚至还可能造成机体的积累性劳损，不利于人体的健康发展。

三、休闲体育健身负荷的监控

（一）休闲体育运动健身负荷的特点及监控的意义

休闲体育运动健身以促进身心健康、提高人体机能、增加机体环境适应能力和免疫力等为主要目的。休闲体育运动健身的负荷应该根据健身的目标来安排。如发展心肺耐力宜采用中等强度长时间的有氧练习。健身负荷的选择通常以安全为前提，以健身效果最大化为原则。若健身负荷太小，对机体的刺激太小，健身效果不明显；健身负荷太大，对机体过度刺激，不仅不会有明显的健身效果，甚至还会出现运动伤害的情况。因此，适宜健身负荷的选择和实施有赖于运动负荷的科学监控就显得尤为重要。

（二）严格的负荷监控

休闲体育运动健身负荷的监控应遵循安全有效、简便易行的原则。适宜的负荷能够使机体产生良好的适应反应，增强运动者的体质，提高健康水平。监控运动负荷的主要方法有：观察法、自我感觉法和生理指标监测法等。

运动健身负荷的主观检查与评定，有助于把握健身者的承担负荷能力，为安排健身负荷提供依据。评价健身的负荷是否合适，可从以下两方面着手：

（1）运动负荷安排适宜，则健身者的主观感觉应该是精神饱满，体力充沛，备感舒服，渴望运动。每次健身后稍有疲劳和肌肉酸痛感，也是正常的，通过休息能较快地消除。

（2）当健身者运动后感到精神不振，运动兴趣降低乃至厌烦，且有无力、困倦、头晕、容易激动等不良征象，以及出现局部关节肌肉酸疼疲软、麻木，胸部憋闷、气短、腹胀、恶心、呕吐等，这说明健身负荷过大或内容安排不合理。

人体运动时的主观感觉与工作负荷、心功能、耗氧量、代谢产物堆积等多种因素密切相关，运动时的自我感觉是判断运动性疲劳的重要标志。

（三）以达到某一能耗量（或摄氧量）为主要目标的健身负荷量的监控

在以控制体重为运动目的的人群中，在安全运动强度已经确定的前提下，可以根据目标能耗量（摄氧量）来确定运动持续时间，以实现目标。

值得注意的是，在参加休闲体育运动健身之前一定要进行运动健身危险分层，主要依据是心血管疾病的危险因素，包括心血管、肺部和代谢性疾病的主要症状、体征和已经明确诊断的心血管、肺部和代谢性疾病。危险分层主要目的是：

（1）通过检测发现是否有运动禁忌证，以免造成不必要的损伤。

（2）识别如患有临床疾病，应该在医务监督下进行运动健身的个体。

（3）发现有特殊需要的个体以及识别在运动中因年龄、症状及其他可能增加疾病危险性的因素。

总之，健身负荷的量化监测、运动处方的科学调控是运动健身安全性和有效性的保障。

（一）全面了解自身的健康状况

全面了解自身健康情况是做好预防工作的前提。一般情况下，青壮年参加休闲体育运动健身无须进行体检，但是中老年很大一部分都带有一种或一种以上的病症，如腰背痛、骨关节炎、心血管病、呼吸疾病等，如果不顾这些状况而草率地去运动，则有可能引发严重的后果。对自身健康状况的了解可以通过以下两个方面进行：一方面向有关专家咨询自身在运动中产生的不舒服的身体反应，有效、及时地减少或避免因身体条件所造成的运动损伤的发生；另一方面进行健康体检，它是最为直观、准确的手段，了解自身健康状况，是否有不适合自身的运动。

（二）准备活动要充分

准备活动的目的，是提高中枢神经系统的兴奋性，使它达到适宜的水平，加强各器官系统的活动，克服各种功能，特别是植物性功能的惰性。通过恢复全身各关节肌肉力量和弹性，并恢复因休息而减退了的条件反射性联系，为正式运动做好充分的 准备。

准备活动的运动量，应根据气候条件、个人各器官系统的功能状况和运动项目的情况而定。若机体兴奋性较低或气温较低，准备活动就应充分些。一般认为，以身体感到发热、微微出汗为宜。

准备活动的内容，应根据运动项目的内容而定，做到有针对性，既有一般性准备活动，又要有专项准备活动。

（三）加强医务监督与运动安全卫生的管理

在进行休闲体育运动健身过程中，还应加强对健身者的医务监督。运动健身者要定期进行体格检查。对患有各种慢性病的人，更应加强医学观察和定期或不定期的体格检查。禁止伤病患者或身体缺乏健身的人参加强烈的休闲体育运动。运动健身者还应做好自我监督，身体若有不良反应产生时，要认真分析原因，并采取必要的保健措施，要严格掌握运动量，不宜练习高难动作。

另外，还要认真地对运动场地、器械设备及个人的防护用具（如护腕、护膝、护踝等）进行安全卫生检查和管理，不要在不符合体育卫生要求的场地上进行运动，还应避免穿着不符合体育卫生要求的服装、鞋子进行运动等。

环境对休闲运动健身有重要的影响，比如在过热或过冷的环境条件下运动，对锻炼人的意志、培养锻炼习惯和适应能力有积极的影响。但对体弱者来说，就存在着一定的危险性。应根据自身的实际情况，在进行休闲体育健身时，积极掌握天气的变化。

（四）注重健身用品和着装

健身运动场所和用具对防止健身者损伤及意外事故是很重要的。人们在健身运动过程中时常伴随着多种危险因素，如爬山、攀岩等运动危险系数极高，天气的变化、运动用具使用不当或有毛病等都可能发生事故。健身运动者应根据休闲体育运动的特点、自己周围的情况对体育用品做出合理的选择。

合适的健身运动服装和健身运动鞋是防止健身运动损伤的前提，不能轻视。例如，在登山运动中，需要穿登山鞋，气温较低时还需要用到保暖手套和厚袜子。在进行户外休闲运动时，夏季应选择白色、轻而薄、宽松而透气的衣服，以便散发热量，预防中暑。当阳光直射时，可戴遮阳帽，并注意尽量不要将皮肤暴露在阳光下。冬天天气寒冷，要穿深色的、柔软且能保温的服装，但不要穿得太多，以利于保温。健身运动后汗湿了的衣裤应及时换掉，并把身体擦干，及时增添衣服，以免感冒。

第四节　休闲体育健身与终身体育的关系

一、休闲体育发展的社会环境

（一）人们健身需求的发展

科学技术在生产上的运用，不仅使生产方式发生了根本性改变，而且使人们的生活方式也发生了很大的变化。生活方式与人们的健康息息相关，生活方式的变化，包括生活内容、生活领域、生活节奏、行为习惯等的改变，都会引起个人，乃至社会的健康问题，这种情况势必在很大程度上削弱了人类固有的运动技能。在一定意义上来说，也使体育运动的社会价值变得越来越重要。这种价值就在于适应由于这种变化而出现的人类病理学机制的突变，以及减缓由此而引起的社会健康危机。因此，体育随生产力的变革而发展是一种历史要求，而大众健身则是实现这种需求的基本方法与手段。

一方面，生产与生活模式从过去单调、紧张、高度肢体运动的劳动模式向更加自动化、高度脑力化、智能化的模式转变，这并不意味着现代社会的生产劳动降低了对劳动者身体素质的要求，相反，现代社会的生产劳动对人们的身体素质和科学知识提出了更高的要求。现代社会的劳动者不仅需要具有丰富的知识，掌握复杂的技术，还需要具有充沛的体力和精力，才能灵活、准确、协调地控制生产过程。而在休闲体育过程中，各种休闲娱乐的活动方式，既增强了劳动者的身体素质，又发展了劳动者的心理素质，有利于劳动者的身心健康，从而提高生产效率，达到社会劳动整体水平的提升。

另一方面，现代生活方式是在科学技术大发展的时代迅速形成的，它给人们带来实惠的同时，也潜藏着许多影响人们身心健康的隐患。而健身体育正是预防、减弱或消除这些隐患的有效良方和积极手段。通过适度的健身体育活动的参与，不仅能够弥补现代人在现代生活方式中的"运动不足"，使参与者减少肥胖、提高心肺功能，同时还能增强体质，提高协调、灵敏、力量、平衡等身体素质，并使参与者经常保持头脑清醒、思维敏捷。因此，体育休闲生活方式在提高人们对现代生活方式中的承受能力，对抗现代生活方式中的生活危险，都有很高的价值和实质意义。此外，科学研究发现，经常参与运动健身，能促进如体内内啡肽等"快乐素"的分泌，这些物质能够调节情绪、振奋精神，诱发积极的思维和情感，从而达到缓解、释放由于紧张而造成的种种压力，减少抑郁、焦虑和困惑，从而预防、减少和控制现代"文明病"的产生和蔓延。

21世纪科学技术部向经济、社会的各个领域广泛渗透，科技引起的产业结构变化将给体育的发展留出较大的社会空间，而人们工作方式、生活方式的转换，将对体育提出更高的要求，体育将成为经济和社会可持续发展的一个组成部分。体育锻炼是新时期戒烟戒酒、心理平衡的锻炼。运动健身能够宣泄、疏导淤塞、压抑的情感紧张力，使人感到舒畅和快乐，从而缓解和消除心理的不平衡。同时通过健身运动的参与，可以使人的身心在闲暇时间内得到更好的调整与发展。

从总体上说，体育是遵循事物繁荣发展的规律的，它随着社会的进步而不断向高层次、高水平推进，但是这种发展必须以社会的良性运行为前提。由于人民生活水平的提高，使得社会的主要矛盾发生了根本性的转变。现代的人们不再满足于基本的生活保障，而是更加追求生活质量与生存状态，并且开始重视生活质量。在我国建设和谐社会的进程中，为健身体育的发展提供了良好的、稳定的发展空间，使体育的教育、健康、文化、娱乐功能可以得到较好的发挥，而且，和谐社会的建设也需要体育作为一种稳定的力量来维护社会的平衡发展，促进和谐社会的全面发展。

（二）人们自身不断提升的需求

1. 人格发展的需求

体育锻炼能发展人多方面的能力，这里主要包括人的协调能练人的性格和意志，使人变得坚强、刚毅、开朗、乐观。在参与体育运动的整个活动中能使人学会竞争，学会表现自己的才能与实力；体育运动也能培养人与他人合作的能力，增强团队意识，学会相互配合，使许多个人凝聚成一个整体，为了共同的目标去努力。

体育运动能让我们掌握一个与人相处的法则：这就是自己成功时要善于谦虚，别人成功时要善于真心地赞美和欣赏，大家共同成功时善于分享，这一法则正是健全人格的法则。人们通过体育运动各种项目的不同运动方式进行不同的锻炼，并在其中学会控制自己的需要与性格，学会延缓需要的满足，学会解决动机与斗争的矛盾，从而使自己的个性倾向性更趋于成熟。体育活动还是一种很好的增加人与人之间相互接触的形式。通过与他人的接触，又可以使个体忘却烦恼和痛苦，消除孤独感。这些观念如果迁移到更广泛的社会生活中，则能有效地促进人的社会化进程，使人的个性日趋完善。

2.心理治疗的需求

早期的对于人的健康标准只是片面地强调了身体、生理上的健康，而忽视了人的心理健康。在现代，越来越多的人迫于生活、工作的重重压力患上了心理疾病。这些心理疾病有时也会影响人的生理健康，当然，生理问题也会诱发心理问题，由此便可以看出人的身体和心理有密切的关系，健康的心理寓于健康的身体，心理不健康则会导致身体异常甚至患病。经过长年研究和实验，已经证明了体育健身是一种非常有效的心理治疗方法。在现代社会中，几乎各个年龄段的人群中都有很大比例的人患有不同程度的心理疾病，其中最为普遍的有焦虑症和抑郁症，而通过体育锻炼可以减缓甚至消除这些心理疾病。

之所以体育运动可以作为治疗心理疾病的方法，主要是因为人的本质心理不是孤立的，心与身是相互联系、相互作用的，人的心理与人周围的环境、与周围的人也是相互协调、相互影响的。而体育这一社会活动则为人提供了一块珍贵的活动空间，在这一空间中，人的心理与身体、人的主体与周围环境、人与周围的人能充分地交融在一起，从而促进主体对环境的适应，促进人际关系，使人达到身心平衡，获得身心健康。

同时，如果某些人存在心理上特别是人格上的某些缺陷，也可在这一空间中通过参加不同种类的项目得到较好的矫治。例如，对于一些不善交际、性格孤僻的人可以适当安排他们参加一些诸如足球、篮球等的团队运动。在这些活动中，只有通过与队友的配合才能顺利进行，在这种看似有些"强迫"作用的效果下，则会慢慢改变人际交往上的不足以及孤僻的性格。

随着我国政府对《全民健身计划纲要》的大力宣传和人民生活水平的提高，人们体育健身的意识逐渐增强。大量调查结果表明当前我国不同人群的体育意识较前有了明显的增强，对体育的作用、价值也有了更加全面而深刻的认识。但是由于受多种主客观因素的影响，多数人的体育运动动机还不甚强烈。间接体育人口仍大大高于直接体育人口，体育态度中的认知、情感成分也明显高于行为成分，以及态度、意识与行为之间存在着明显的背离现象，这与西方发达国家之间存在着很大的差异。所以，总体来说，与体育发达国家相比，我国体育事业尽管进步很快，但体育人口仍处于较低发展层次。目前我国大众健身活动，多半在非体育场地，采用非竞技项目。运动员封闭健身，难得与百姓和学生一见；学校体育场馆对居民紧闭大门，生怕扰乱了校园的宁静，这种相互封闭、相互割裂的情况与现代大众健身活动的发展很不相称。同时，比赛本身是体育运动技能发展到一定程度的必然要求，但我国的大众健身活动竞技性较低，很少有参加比赛的机会。因此，开展全民健身活动，使更多的人参与到健身活动中，对于我国社会的发展具有积极的意义。

（三）群众体育的休闲化

我国目前正在加快基层全民健身计划普及推广速度，建立适应时代要求的新发展理念，突破传统限制，大力宣传球类运动的健身价值，充分体现其娱乐性及锻炼性，带动球类运动爱好者在空余时间合理安排，通过球类运动增强体质、培养意志、陶冶心理，在普及与提高球类运动的同时，倡导健康生活。

"群众体育"即为人民大众普遍参与的体育活动，它是一个具有中国特色的概念。在新中国成立初期，国家各方面都面临着严重的困难，为了增强人民的体质，以更好地促进我国经济社会的建设和发展，党和国家高度重视群众体育的发展。新中国成立初期的群众性体育带有一定的政策导向性，政治因素浓厚，因此，对于体育参与的动力和意识的培养不利。

随着改革开放的进行，我国的经济和社会发展到了一定的程度，中国特色社会主义道路展现了其对于经济社会的发展和人民生活水平提高方面的重要作用。随着经济社会改革的深化进行，群众体育也在一定的物质基础上得到了相应的发展。在建设社会主义和谐社会的过程中，大力开展群众体育活动，不仅对于改善和提高人民的身体素质具有重要的作用，而且对于我国和谐社会主义的建设也具有重要的作用。

随着人们生活水平的提高以及闲暇时间的增多，休闲体育将更加平民化和社会化，并且逐渐成为人们社会生活的重要组成部分。在众多休闲方式中，休闲体育以其独特的魅力吸引着人们的广泛参与，并终将成为人们的基本消费对象之一。

如今，人民的生活水平得到了一定程度的提高，对于健康和生活质量有了更高的要求。原本以锻炼身体为根本目的的群众体育项目逐渐不能满足人们对于提高生活质量和精神文化方面的需求。同时，由于生活节奏的加快，人们会赋予一种事物多项功能，从而在从事某项工作和活动时，实现多种功能作用的发挥，如手机，不仅被赋予了沟通的功能，同时还有听音乐、拍照，甚至是工作等方面的功能。休闲体育正是多种功能整合而成的综合体，它不仅能够满足人们对于高品质、高品位生活方式的追求，还能够使得人们能够保持旺盛的生命活力，同时，还能够实现人们进行社会交往等方面的功能，因此休闲体育在我国逐渐兴起，并得到了快速的发展。

"休闲体育"这一词已经被越来越多的人所了解和认识，在紧张的工作和生活之余，休闲体育正成为人们重要的放松方式。随着我国对"全民健身战略"重视程度的不断提高，由群众体育发展而来的休闲体育也逐渐受到了人们的普遍重视。由群众体育发展而来的现代休闲体育项目将会更加注重运动的舒适性和愉悦性，它能够使得群众真正地实现身心的轻松。

当国民的消费结构得到了整体提升时，休闲体育也将成为社会上的一项广泛的消费项目。如果我国国民经济发展水平进一步提高，则休闲体育消费将成为人们的一种基本的消费项目，成为普通群众的一项重要的生活内容，形成休闲体育生活方式。这一目标的实现并不是由物质生活水平一方面所决定的，需要精神文明建设也得到相应的提高，这样才能够实现休闲体育生活方式的形成。

实践表明，物质生活水平的提高并不意味着人们会获得相应的幸福和快乐，这与人们不健康的生活方式具有重要的联系。在物质生活水平提高时，人们的体质健康状况却呈下降的趋势，糖尿病、心血管疾病等越来越多地威胁着人们的身体健康。因此，作为现代中国人，不仅要建设和发展好和谐社会，还应该充分享受到和谐社会的发展成果。这就需要人们培养和建立健康的生活方式，使得身心健康得到综合、全面的提高。

休闲体育消费不仅能够娱乐身心，也能够提高人们的生活水平和生活质量，对于人们培养健康、文明的生活方式发挥着重要的作用。近几年来，人们参与体育休闲活动的消费占总消费份额的比例逐年升高，休闲体育将更广泛、更深入地介入中国人的生活，成为基本需求之一。

四、终身体育理念下的休闲体育

终身体育理念是让人们在一生中不断接受体育教育以及终身进行体育锻炼，使得人生各个阶段的体育能够有效衔接，保证体育教育和锻炼的完整性和连续性。终身体育理念认为，人们在一生中的各个时期和各个阶段都应根据自身的需求进行体育教育和体育锻炼。体育锻炼并不是一种"一劳永逸"的活动，需要人们长期进行坚持，这样才能够起到良好的锻炼效果。在生活中，应随着自身年龄和身体状况的变化来不断更新体育锻炼的内容和方法，并树立终身进行体育锻炼的意识。

在现代社会下，体育事业的发展离不开终身体育，因此要将终身体育作为一项重要的工作来抓。在社会主义发展的背景下，社会劳动力是由不同年龄段的人组成的，都面临着如何保持自己的体质水平以满足从事工作需要的问题。提高劳动生产率，需要依靠人才更新各种科学技术，以提高社会生产力。而人才要想保持身体经常处于最佳状态，就要选择不同的身体锻炼形式与内容，以提高自己的体质水平。随着现代社会的不断发展，人们经常把从事身体锻炼作为生活方式的一个重要内容与标志，这是人类文明发展的必然结果。如果一个国家，全民族都能做到天天坚持身体锻炼，养成终身锻炼的意识和习惯，那么对整个国家的现代化发展就具有重要的意义。

（一）休闲体育锻炼时间的终身性

受传统教育思想的影响，我国学校体育教育的目标过于重视学生运动技能的掌握和培养，而"终身体育"理念的出现则突破了这一传统，使得学校体育得到了更好的发展和延续。传统的体育教育观念主张青少年接受体育教育的时间是在校期间，其体育学习内容也仅仅局限于体育知识、运动技能的学习和掌握。而终身体育则要求根据学校的具体实际，并结合青少年个人的身心发展特点和规律进行科学的体育锻炼，进而养成终身体育锻炼的习惯，强调要把体育作为人的一生中不可缺少的重要组成部分。

（二）休闲体育锻炼群体的全民性

群众都有终身接受体育教育的权利，都能在自己的一生中参加体育锻炼。随着现代健身运动的不断发展，以终身体育为指导开展群众体育活动成为现代体育科学化和社会化的重要趋势之一，其实质也是群众体育普及化的趋势。国外终身体育论者认为，生活在现代社会中的人们都要学会生存，而要学会生存则离不开体育。体育能为人们的学习、工作及休闲等做好充分的准备，人们把体育与生活紧密联系在一起才能终身　受益。

（三）休闲体育锻炼目的的实效性

终身体育的最终目的是增强体质，提高和改善人们的生活质量，促进身心全面发展。人们可以通过终身体育来满足自己的各种需要，如人们可以根据自己的条件自由选择适合自己的体育活动方式，这种学习和锻炼具有明确的目的性，同时也具有较大的实效性，能使自己终身受益。

坚持终身体育健身理念，则要求休闲体育运动者应积极培养自身的运动能力，具体而言，应注意以下几方面的内容：

第一，自觉锻炼能力，运动者能够熟练地运用已经掌握的体育知识、技能，形成自觉参加体育活动的习惯。

第二，自我评价、自我管理和自我监督的能力，对自己身体的具体情况有一个正确的认识和评价，能够及时调整运动计划。

第三，适应自然环境和社会环境的能力，增强对疾病的抵抗力和免疫力，实现各方面的适应能力，从而提高运动锻炼的水平。

第二章 休闲体育健身涉及的多元化科学原理

休闲体育健身是一类科学的健身内容和选择方式，要通过参与休闲体育达到健身的效果，还必须了解休闲体育健身内在的机制、规律、学科原理，要建立系统化的休闲体育健身理论知识体系，以便于更好地指导休闲体育健身实践，从而实现更理想的健身效果。

第一节 休闲体育健身的机制与原理

一、休闲体育健身的科学机制

（一）运动生理变化机制

机体参与体育运动，在运动前、运动中、运动后会出现一系列的变化。

运动前生理机能状态变化与运动的性质、运动者的技能水平和心理状态有关，具体表现在神经系统、氧运输系统和物质代谢等方面。如中枢神经系统兴奋性提高、代谢加强、体温升高、心率加快、肺通气量和吸氧量增加、泌汗增多等。

运动开始阶段，一般先要进行准备活动，其生理机制在于：通过预先进行的肌肉活动在神经中枢的相应部位留下兴奋性升高的痕迹，进而促进机体进入工作状态，在接下来的体育健身锻炼中发挥出最佳机能水平。

机体进入工作状态后，生理机制变化主要表现在两个方面：一方面，内脏器官的生理惰性。在休闲体育健身过程中，内脏器官必须充分动员以适应肌肉活动和机体代谢的需要。但与运动器官相比，内脏器官的生理机能惰性大，更慢进入工作状态适应机体运动，也更容易疲劳；另一方面，机体进入工作状态与机体的反射时有关，所谓反射时，具体是指从刺激作用于感受器起到效应器出现反应所需要的时间。一般来说，在休闲体育健身活动中，反射活动越复杂，动作难度越大，机体进入工作状态所需要的时间越长。

（二）机体活动适应机制

个体参加休闲体育活动，从静止状态到运动状态，人体之所以能产生与环境变化相应的反应，是由于人体存在一系列调节机制。具体分析如下：

1.神经调节机制

所谓神经调节，具体是指在机体运动状态下（包括日常运动和专门性的体育健身运动）通过神经系统实现的调节机制。

在机体运动过程中，神经调节的特点为反应较为迅速、准确、短暂，并具有高度协调和整合功能，是人体功能调节中最主要的调节方式。神经调节主要依赖于机体对各种刺激的反射。例如，巨大的声响，会使人瞬间做出躲避动作；被利器刺，手会下意识地立刻缩回等。具体来说，反射是指人体通过神经系统对外界和内部的各种刺激做出应答性的反应。

通常，将人体神经系统中产生反射的神经结构称反射弧。反射弧包括五个组成部分：感受器、传入神经纤维、神经中枢、传出神经纤维、效应器。反射与运动技能的形成也具有非常密切的关系，是个体运动技能形成的重要机制，将在后面详细阐述，这里不再进行赘述。

2.体液调节机制

人体水分含量较多，可达人体重量的70%，人体的体液对运动物质运输、代谢有重要影响，是机体活动的重要环境基础，体液调节具有速度慢、调节范围广、调节效果持久的特点。

机体在参与运动期间，体液调节主要有以下两种：

（1）局部体液调节：体液的自我调整。运动使机体内环境发生变化，机体某些组织细胞产生的化学物质或代谢产物（激素除外）在局部组织液内扩散，可以改变附近的组织细胞的功能，以适应运动状态下机体各项生理需求。

（2）神经——体液调节：体液调节作为神经调节传出途径中的一个环节进行，具体来说，体液在中枢神经系统的控制下，直接或间接调节体内的多数内分泌腺。

3.自身调节机制

研究表明，当机体内外环境发生变化时，组织细胞会产生适应性反应，这种反应不依赖于神经或体液调节。例如，心肌收缩。

力量在一定范围内与收缩前心肌纤维的长度成正比，即心肌纤维越长，收缩时产生的力量越大。这就是机体的自我调节，也称自身调节，其具有作用范围局限、幅度小、灵敏性较差的特点。

（三）运动激素的作用机制

1.含氮激素的作用机制

含氮激素的作用机制，也称第二信使学说（Second messengers hypothesis）。有学者认为，激素作为第一信使，作用于靶细胞膜上的相应受体后，再通过第二信使激活细胞内各种酶，如蛋白激酶（PKA）、蛋白激酶C（PKC）、蛋白激酶G（PKG）等，传递信息和调节细胞活动。含氮激素的作用机制与过程大致分为五个步骤：

（1）激素到达细胞，与受体结合，形成激素——受体复合物。

（2）激素——受体复合物激活腺苷酸环化酶。

（3）在腺苷酸环化酶作用下，ATP 分解为第二信使 cAMP。

（4）cAMP 激活蛋白激酶。

（5）蛋白激酶诱发继发性、特异性生理反应。

2. 固醇类激素的作用机制

固醇类激素（包括雄激素和雌激素等）的作用机制（Genee×pression hypothesis），又称基因表达学说。

（1）激素到达细胞内，与受体结合构成激素——受体复合物。

（2）激素——受体复合物进入细胞核，与细胞的 DNA 结合，激活某些基因，即直接基因激活/活化的过程。

（3）基因活化过程中，在细胞核内合成 mRNA。

（4）mRNA 进入细胞质，促进蛋白质类物质的合成，并诱发继发性的生理反应。

3. 激素作用机制的终止

研究表明，激素作用机制的终止诱因有很多，主要有两个方面原因：一方面，内分泌细胞能够适时地终止分泌激素；另一方面，激素与受体分离，后续的一系列信号转导过程终止。

（四）休闲运动技能形成机制

人体的反射弧包括五个组成部分，运动对外界负荷、环境、条件的反应过程为：感受器（接受刺激）→传入神经纤维（传导冲动）→神经中枢（分析、综合）→传出神经纤维（传导冲动）→效应器（做出反应）。根据反射形成的过程，可以将其分为条件反射和非条件反射两类：

（1）条件反射：个体后天获得的，具有极大的易变性，增强机体适应环境的能力。

神经活动，如膝跳反射和婴儿的吸吮反射等。除了机体出现病变导致功能障碍，非条件反射是永远存在的。

研究认为，促使运动者技能形成的生理机制，主要是机体运动条件反射暂时性神经联系，大脑的皮质运动是这种联系形成的基础。因此，促使运动者学习和掌握运动技能的过程，其本质就是建立相应的条件反射的过程。

（五）健身运动疲劳产生机制

目前，研究已经表明体育运动疲劳的产生包含多个机制与学说观点，认同范围较广的主要有以下三种：

1. 疲劳的中枢机制

疲劳的中枢机制认为，中枢神经系统（CNS）功能的紊乱可导致运动疲劳产生。中枢疲劳是负性变力的结果，肌肉自主收缩产生的力量低于电刺激肌肉产生的力量，该状态即为中枢疲劳。

中枢疲劳机制十分复杂，在中枢神经系统中，神经控制、神经递质、神经调质、反馈调节体系的变化、代谢产物的变化等都可能会导致中枢神经系统产生疲劳。

在运动中，神经递质，如 5-HT、DA、血氨、TGF-beta 等的变化可导致中枢神经系统疲劳。如 5-HT 与睡眠、觉醒和情绪反应等有关，动物实验表明，120 分钟的跑台运动可导致大鼠脑海马区 5-HT 含量增加；剧烈运动后机体 DA 水平会呈现降低趋势，低水平的 DA 会导致其与 5-HT 的合成与代谢减少，因此会导致机体疲劳，降低机体运动能力。氨是 ADP 分解过程中产生的副产物，机体中氨的增高可导致急性氨中毒，损伤中枢神经系统，导致机体疲劳产生。

2. 疲劳的外周机制

通过观察不同运动者的体育运动实践发现，强度、时间、形式等的不同，机体的疲劳机制也不同。对此，许多学者提出了关于疲劳产生机制学说，如"能源衰竭学说""离子代谢紊乱学说""保护性抑制学说"等，这些学说共同构成疲劳的外周机制研究。

（1）能源衰竭学说：机体在运动过程中会消耗体内大量的能源物质，而运动过程中运动者不能及时补充体内能源物质，因此会产生机体的疲劳。

（2）离子代谢紊乱学说：体育健身运动中，机体的乳酸能系统主要提供运动所需的能量，在进行 5 分钟左右的运动后，血乳酸浓度达到最高。如果运动时间过长，会使体内营养物质快速消耗，导致机体内环境物质代谢失调，机体不能继续工作，从而引发运动疲劳。

3. 疲劳的心理机制

"运动性心理疲劳"最早是用于描述服务行业工作者因情绪或精神压力而形成的一种心理现象。之后开始应用于需要竭尽全力工作的领域，如竞技体育。

现代运动心理学认为，运动性心理疲劳是由于个体长期集中于活动强度不大，但活动的紧张程度较大或重复性的单调、大强度训练和比赛的情况下的一种心理不安和疲劳感。简单来说，当运动者认为疲劳时，往往是主观意识上的疲劳，实际上运动还能继续，涉及良好意志品质在体育运动训练中的作用。

二、休闲体育健身的基本原理

（一）代谢原理

新陈代谢是人体生命活动的基本规律，具体是指有机体与外界交换物质的过程。没有新陈代谢，人体的一切活动，包括生长、发育、生殖、遗传、变异、适应、进化等就都不会进行，人的生命活动也会结束。

新陈代谢包括物质代谢和能量代谢，新陈代谢原理是个体从事运动必须遵循的重要理论依据。

在参与体育健身运动过程中，人体内的物质和能量代谢过程会较平时得到加强，能量的消耗也会随之增大。从事有效的训练能够提高人体组织细胞内酶系统的适应性，使酶的活性得到提高，从而促进人体的物质代谢过程和能量代谢过程。能量物质的恢复更加充分，从而达到比运动前更高的水平，人体各器官系统的功能也得到进一步增强，这是现代健身运动增强人体体质的重要原因。在体育运动训练过程中，机体承受负荷需要消耗大量的能量，能量的消耗对应的是能量的补充。

保持机体的正常新陈代谢是人体参与运动的基础，根据机体运动中的变化，合理补充营养物质提供运动所需能量、及时调整运动消除疲劳，是利用新陈代谢原理科学调控体育健身的重要基础。

（二）动机原理

动机是指促使一个人参与活动的心理动因或内部动力，它能够引起人的活动，使活动导向一定的目标，以满足个体的需求。参与休闲体育健身活动，动机的树立非常重要，这是运动健身者认真对待健身活动并长期坚持的重要条件和基础。

不同运动者的个性心理不同，参与休闲体育健身运动时所带来的心理需要、动机层次、指向以及深广度等也存在较大差异。一般来说，个体参与休闲体育健身的原始动机是多样化的，如健身、养生、美体、康复等，但并不是一成不变的、单一的，常常是多种动机相互综合一起发挥作用的。重视个体健身动机的科学引导，有利于促使个体养成坚持参与休闲体育健身运动的良好习惯。

（三）应激原理

所谓应激，是指人体对于外部强负荷刺激会产生一种生理和心理的综合反应。人体应激分为警戒、抵抗和衰竭三个阶段，人体应激的产生与"自我保护反应"有关。

在体育健身训练中，个体的运动能力不断获得提高就是应激的结果。具体来说，运动中，机体要达到应激状态需要超量负荷，通过增加负荷，机体对原有负荷的平衡和适应被打破，通过应激，使人体达到新的负荷水平，表现为运动水平提高。

在休闲体育健身活动中，要科学地加大运动负荷，利用个体的应激反应，逐渐形成新的平衡，提高身体素质和运动能力。但注意运动负荷不能超过运动者的极限值，以免影响机体健康和引发伤病。

（四）认识论原理

人对事物的认识包括感性认识和理性认识，并由感性认识上升到理性认识。

参与休闲体育运动健身，首先要对休闲体育运动项目文化、技能有一个感性的认识，这是运动者掌握动作技能的开始和基础。这一阶段，建立起对技术动作的初步表象非常重要，运动者获得直观的感性认识的途径是多样的，包括"视觉""听觉"和"触觉"等，正确的动作表象能够在不断的练习中由感性认识上升为理性认识，为达到训练健身的目的奠定正确的技能基础。

（五）运动负荷原理

休闲体育健身的目的是提高运动者的身体素质水平、运动水平，并在运动能力发展过程中享受运动快乐。这一目的主要是通过运动者在体育锻炼过程中不断承受和适应训练负荷来实现的，通过机体的不断适应来提高机体的运动能力和对外界运动负荷的适应能力。这就是运动负荷原理。

运动负荷原理指导下的休闲体育健身应注意以下几点：

（1）健身初期，为了尽快进入运动状态，通常以增加负荷量使机体的适应过程逐步实现。在专项训练阶段，以提高负荷强度刺激来加深运动者的机体适应过程。

（2）休闲体育运动项目不同、训练目的不同，训练负荷应有所区别。

（3）合理的负荷确定，应充分考虑健身者年龄、体质等因素，从而有针对性地确定健身负荷，保证健身过程的科学有序进行。

（六）运动适应原理

机体参与休闲体育健身活动，其对训练内容的适应需要经过以下几个阶段：

（1）刺激阶段。训练初期，机体接受来自各方面的各种刺激。

（2）应答反应阶段。运动者在运动负荷的刺激下，机体内部各器官和运动系统功能产生兴奋，并将兴奋传输到机体各个器官中，最后使整个机体都进入运动状态，完成机体对外界负荷的生物应答。

（3）暂时适应阶段。持续的健身可使运动者的机能进入良好的工作状态，在运动过程中的各项生理指标表现出稳定的状态，随着健身运动的持续进行，当机体应答指标即使不再上升也能承受外部刺激时，表明机体已经适应了当前的运动刺激。

（4）长久适应阶段。长久适应阶段是使各相应的机能系统和组织器官，在全面增加和系统重复各种外部运动刺激的基础上产生较为明显的身体结构和机能方面的改造。主要表现为机体运动器官和身体机能的完善与协调。

（5）适应衰竭阶段。主要表现为运动安排不科学合理时，导致身体某些机能出现衰竭现象。例如，为了快速达到训练效果而不合理地加大运动量，使机体承受过度训练，遭受损伤。

参与休闲体育健身活动，使身体素质水平和运动水平提高，正是遵循生物进化和发展规律的结果。即运动者通过健身训练，使机体承受运动负荷并逐步达到适应，然后再增加运动的负荷量，使机体在高一级水平上再适应。整个过程就是"适应——不适应——适应——不适应——适应……"的过程。

（七）超量恢复原理

超量恢复，又称"超量代偿"，是关于运动时和运动后休息期间能量物质消耗和恢复过程的超量恢复学说。

超量恢复原理认为，人体参与体育运动的过程分为三个阶段，即各器官系统运动时工作能力下降、运动后工作能力复原、工作能力超量恢复。超量恢复在一定程度上受到疲劳程度、运动量的大小和营养供给等因素的影响。其中，运动量的大小是超量恢复强弱的重要影响因素。结合这些因素的作用，健身训练的科学进行应注意以下几点：

（1）在一定的范围内，运动量越大，人体内各器官和肌肉的功能动员越充分，能量物质消耗越多，超量恢复越显著。

（2）运动时间短，运动强度不大，不能使机体产生较大的反应，超量恢复不显著。

（3）运动量适宜。如果运动量过大，超过了机体承受的范围，会使恢复过程延长，或导致过度疲劳造成身体损伤；如果运动量过小，身体得不到充分运动，疲劳程度较小，超量恢复的效果就不显著，甚至不会出现。

（4）在重复性运动训练中，应掌握好间歇的时间。间歇时间太短，如果身体正处于疲劳状态，会加重疲劳；间歇时间太长，只能保持原来的体质水平，不能有效增强身体机能。

（5）要掌握好两次练习间隔的时间，一般通过测定心率的方法来进行控制，如运动后的心率达到 140 ~ 170 次 / 分钟，可以等到心率恢复到 100 ~ 120 次 / 分钟时，再进行下一次运动较为合适。

（八）身心互制原理

在现代健康新理念中，生理健康和心理健康是健康的两个重要方面，我国传统养生理论也非常重视身心互补。

从本质上来说，体育是直接作用于人的生理结构及其机能的，与此同时，心理会在一定程度上指导着生理，影响着生理活动。只有将健身者的生理和心理有机地结合在一起，使两者达到和谐统一的关系，才能够使运动健身发挥出最大的效果，从而全面增强体质，提高健康水平。

休闲体育健身，健身是重要的一个方面，同时休闲的内容也必不可少。通过参与休闲健身活动，个体的身体和心理都获得发展，这正是现代人选择休闲体育运动进行健身的重要原因。

第二节 休闲体育健身的生理学基础

新陈代谢是生命运动的基础，机体的运动离不开机体的新陈代谢活动。在体育运动健身和训练过程中，人体的新陈代谢活动变得比安静状态时更加积极，良好的新陈代谢能为运动者从事科学的运动训练提供重要的营养物质保障和能量保障。

一、休闲体育健身过程中的物质代谢

（一）糖代谢

糖类（碳水化合物）是人体十分重要的供能物质，是人体重要的营养素之一。在运动中糖通过分解代谢为人体运动供能。

1. 糖的合成代谢

各种食物中都含有大量的糖，人体摄取的糖质，不管是植物性食物还是动物性食物中的糖，它们都会在消化酶的作用之下，逐渐转变为葡萄糖（Glucose，Glc）分子（果糖可直接被吸收）是可以被人体直接吸收的，经小肠黏膜的上皮细胞葡萄糖运载蛋白转糖可以合成糖原（Glycogen，Gn），成为大分子的糖。糖原分为两类：一类是肌糖原，即肌肉中合成并储存的糖原；另一类是肝糖原，即在肝脏中合成并储存的糖原。除此之外，肝脏还能够将体内的乳酸、丙氨酸、甘油等一些非糖质物质合成葡萄糖或糖原，即糖的异生过程。人体合成糖原的过程和糖异生的过程共同构成了人体中糖的合成代谢。

2. 糖的分解代谢

糖的分解代谢过程就是糖释放能量的过程。人体内的糖原和葡萄糖分解代谢主要是通过有氧氧化过程、糖酵解过程、乙醛酸途径、戊糖磷酸等途径实现的。糖经分解后，可释放较大的能量，以满足机体运动对能量的需要。

运动者在参与体育健身运动中，主要通过糖的代谢提供机体运动所需能量。在体育健身运动过程中，运动者机体会发生一系列生理变化，如肌肉中ATP、CP下降，肌糖原无氧分解功能有一定的增强，肌细胞内钙含量增多。生长激素、甲状腺激素、雄性激素、儿茶酚胺等激素也会发生相应的一些变化，从而对肌细胞产生一定的影响和作用，进而使肌细胞不断地产生适应性变化。因此，在系统的体育健身运动之后，机体在运动中消耗的ATP.CP和肌糖原，为机体健身活动提供必要的运动能量。

在运动者体育健身运动结束后，机体处于恢复阶段，机体又可以重新合成糖来提供所需的能源。运动后的恢复期或长时间运动过程中，往往会出现超量恢复的现象，能够有效增加肌肉中ATP、CP和肌糖原含量，提高ATP的无氧再合成的速率，进而增大EK、PFK、磷酸化酶等活性。

（二）脂代谢

脂肪是人体的第二大能量来源，生理学实验证实，脂代谢与人体健康有着非常密切的关系。有规律、有计划的休闲体育健身能够使机体的脂代谢状况得到有效的改善，而且还能够有效防治运动者的心血管疾病。

1. 脂肪的合成代谢

脂肪在人体被消化后主要形成甘油、游离脂肪酸、单酰甘油、二酰甘油、三酰甘油（未经消化）。体内摄入多余的热量，以脂肪的形式存储，成为机体的"燃料库"。人体对脂肪的储存主要有以下两种方式：

（1）储存在皮下、大网膜、肌肉细胞等脂肪组织。

（2）转化后储存。有三种途径：合成磷脂，成为细胞膜的组成成分；合成糖脂，成为细胞膜和神经髓鞘的组成成分；合成脂蛋白，存在于血液中。

2.脂肪的分解代谢

脂肪具有疏水性质，要想在体液的水环境中被酶解，就需要借助机体自身的以及随食物摄入的各种乳化剂，形成乳浊液。由此可以看出，脂肪的吸收和转运过程要比糖复杂一些。

脂肪的分解代谢首先是脂肪借助机体自身以及机体摄入的各种乳化剂形成乳浊液，然后在机体的水环境中被酶解。然后，脂肪形成甘油、游离脂肪酸和单酰甘油、少量的二酰甘油和未经消化的三酰甘油。脂肪通过小肠上皮细胞直接吞噬脂肪微粒或脂肪微粒的各种成分进入小肠上皮细胞形成乳糜微粒被吸收。乳糜微粒和分子较大的脂肪酸进入淋巴管，甘油和分子较小的脂肪酸溶于水，扩散入毛细血管。甘油和脂肪酸分解成二碳单位，最后生成 CO_2 和水。

参与休闲体育健身活动，人体内贮存的脂肪作为细胞燃料参与供能只能通过有氧代谢途径，体内脂肪的分解代谢可为运动提供能量。具体来说，脂肪分解代谢产生的能量能够提供给多种生命活动过程，能够作为长时间中低强度运动的主要供能物质。

（三）蛋白质代谢

蛋白质是重要的生命物质，它是构成机体细胞的主要成分，而氨基酸是构成蛋白质的最小单位。人体组织蛋白质及一些含氮物质总是处在不断的分解与再合成的过程中。

通常来说，人体蛋白质的代谢状况与组织的生理活动是相符的。正常成年人体内的蛋白质分解与合成处于一种动态平衡状态，也就是摄入氮等于排出氮，即氮总平衡；正处于生长发育期的少年儿童运动者，其组织细胞中的蛋白质的合成大于分解，摄入氮大于排出氮，即"氮的正平衡"；而饥饿者或消耗性疾病患者的组织细胞中的蛋白质的分解就明显地加强，也就是排出氮大于摄入氮，即"氮的负平衡"。

1.蛋白质的合成代谢

蛋白质的合成过程大致可以分为两个阶段。第一阶段，蛋白质按照 DNA 模板上核苷酸排列顺序转录成 mRNA（一类单链核糖核酸）。第二阶段，接受了 DNA 遗传信息的 mRNA 作为蛋白质生物合成的直接模板，在 tRNA（一类小分子核糖核酸）、rRNA（核糖体 RNA）的共同参与下，按 mRNA 上核苷酸的排列顺序翻译成蛋白质中氨基酸的排列顺序。

2.蛋白质的分解代谢

蛋白质的分解过程也可以分为两大阶段，第一阶段，蛋白质分子在机体消化液的作用下分解成其基本单位——氨基酸，氨基酸随后被小肠主动吸收，几乎全部通过毛细血管进入血液。第二阶段，氨基酸再经过脱氨基作用等，代谢生成氨、CO2 和水，整个过程可简单表示如下：

蛋白质→氨 +CO2+H2O

在休闲体育健身过程中，运动者机体的蛋白质代谢主要表现在两个方面：一方面，机体运动时蛋白质可提供一部分能量；另一方面，运动导致骨骼肌蛋白质合成增加，主要外在生理表现为肌肉壮大。

（四）维生素代谢

人体内不能合成维生素，必须由食物供给，每天摄取毫克或者微克维生素就足够维持人体所需。

维生素是人体运动必需的营养物质，各种维生素在结构上没有共性。通常情况下，以溶解质为主要依据可以将维生素分为包括维生素 B1、维生素 B2、维生素 B6、维生素 C、维生素 PP（烟酸）、叶酸和烟酰胺等在内的水溶性维生素和包含维生素 A、维生素 D、维生素 E、维生素 K 等在内的脂溶性维生素两大类。

维生素可调节机体的能量代谢过程。在人体中，大多数维生素都会参与辅酶的组成。因此，如果缺乏维生素就会对酶的催化能力产生影响，引起代谢失调，进而影响机体的运动能力。

休闲体育健身期间，适当补充维生素可促进机体营养物质代谢功能。但是需要注意的是，过多地摄入维生素，并不会提高运动者的运动能力，而且会产生一定的副作用，会破坏人体内环境的稳定，甚至会引发中毒。

（五）无机盐代谢

无机盐，也称矿物质，是构成人体组织和维持正常生理活动的重要物质。

日常饮用食物中不同的无机盐被人体吸收的程度不同，比如，人体吸收很快的是钠、钾、铵盐等一般单价碱性盐类；人体吸收很慢的主要是多价碱性盐类；而人体不能吸收的主要是硫酸盐、磷酸盐和草酸盐等能与钙结合而形成沉淀的盐。

在人体内，无机盐的存在形式主要是磷酸盐，其主要在骨骼中存在，作为结构物质，其他少量的无机盐（如钙、镁）在体液中解离为离子存在，称为电解质，其在调节渗透压和维持酸碱平衡等方面有着非常重要的作用。

无机盐与运动健身之间的关系主要表现在：机体体液中的电解质是维持生命代谢的基础，可以调节机体的渗透压和维持酸碱平衡，以促进健身者正常运动水平的发挥。在参与健身活动过程中，体内的离子会随着大量出汗而流失，电解质流失过多很可能出现肌肉无力、心脏节律紊乱、肌肉抽搐、运动能力下降、易疲劳等不良运动状态。因此要注意运动健身期间电解质的补充，一般以补充运动饮料的方式进行。

（六）水代谢

人体百分之七十是由水构成的，水分是组成生物体的重要成分，是维持生命所必需的物质。保持体内水分代谢平衡是维持机体正常生命活动的重要保证。

水的获取：体内大部分水分是从食物和饮料中而来的，只有小部分是在体内物质代谢过程中产生的。水在机体的细胞中以两种形式存在：一种是游离水，约占95%，形成细胞内液和细胞外液；另一种是结合水，约占4%～5%。随着细胞的生长和衰老，人体细胞的含水量会逐渐下降。

水的排泄：人体内水的排出形式主要是通过肾脏以尿液的形式排出体外，其次是通过皮肤、肺以及粪便排出。人体剧烈运动时，体内热量增加，水分排出及维持体温恒定的主要途径就是出汗。

休闲体育健身过程中，人体的水排出量会增加，大量失水会导致机体内部水环境的变化，进而影响相应的生理活动的正常进行，严重失水会造成机体脱水而降低运动能力。因此应重视机体水分供给变化情况，注意保持机体的水分平衡。

二、休闲体育健身过程中的能量代谢

通过新陈代谢，机体分解能源物质，为运动供能，这就是机体的能量代谢过程。人体的能量代谢对人体的各种运动能力和机能水平具有决定性的影响。通常，把人体能量代谢分为磷酸原供能系统、糖酵解供能系统和有氧化供能系统三大系统。具体分析如下：

（一）磷酸原系统供能

在供能代谢中，ATP（三磷酸腺苷）、CP（磷酸肌酸）都通过高能磷酸基团的转移或水解释放能量，通常把 ATP-CP 这种含有高能磷酸基团的物质称为磷酸原。将 ATP-CP 分解释放能量和再合成的过程，称为磷酸原供能系统或 ATP-CP 供能系统。

ATP 是人体内瞬时能量的供体，而不是能量的贮存形式。运动时，肌肉内 ATP 分解直接供能，这是人体内能量代谢的中心环节。ATP 水解的放能反应可以为各种需要能量的生命过程供能，完成各种生理功能。磷酸原系统供能特点大致为：供能总量不大，持续时间很短。但是它供能快速，是细胞唯一直接利用的能量来源，其能量输出的功率最高。

根据磷酸原供能规律，在健身训练过程中，应合理安排休息间歇时间。如果间歇时间太短，ATP-CP 恢复量少，则重复运动时的部分能量由糖酵解提供，使血乳酸水平明显上升。这时发展 ATP-CP 供能是不利的。反之，休息间歇时间过长，ATP-CP 虽能完全恢复，但不足以刺激 ATP-CP，不利于 ATP-CP 供能能力的提高。

（二）糖酵解系统供能

糖酵解系统供能为机体的长时间运动提供能量，一般地，当机体运动持续的时间在

10 秒以上且强度很大时，ATP-CP 供给的能量就无法使机体所需能量得到满足。运动所需的 ATP 再合成的能量主要靠糖原酵解来提供。

肌糖原是糖酵解供能系统的能量原料，在激烈的运动训练中，机体耗氧量大，机体氧供应不足，人体骨骼肌糖原或葡萄糖酵解，释放出能量合成 ATP 并产生乳酸。研究表明，在无氧情况下，1 摩尔或 180 克糖原理论上可产生 2 摩尔或 180 克乳酸及 3 摩尔 ATP。这种糖经过一系列代谢反应生成乳酸，并释放能量的过程，称为糖酵解途径或糖酵解供能系统，此过程是在细胞质中进行的一连串复杂的酶促反应。

乳酸能系统供能的特点是，无氧酵解供能，即不需要氧，产生乳酸。乳酸是一种强酸，其在体内积聚过多会对内环境的酸碱平衡产生一定的破坏作用，使肌肉工作能力下降，造成肌肉暂时性疲劳。

磷酸原系统和糖酵解系统供能最大的生理意义为：缺氧环境极限运动下迅速供能。在极量强度运动中，随着 ATP、CP 迅速消耗，糖酵解供能过程在数秒内即可被激活，运动持续 30 秒钟左右供能达最大速率，1 ~ 2 分钟后供能速率下降，机体运动能力下降。

（三）有氧氧化系统供能

有氧运动中（机体内氧的供应充足），机体运动所需的 ATP 便主要由糖、脂肪的有氧氧化来供能，该供能系统被称为有氧氧化系统。

1. 糖的有氧代谢

体育健身过程中，当氧供应充足时，肌糖原或葡萄糖可被彻底氧化分解成 H2 和 CO2，并释放大量能量的过程，即糖有氧代谢。

2. 蛋白质的有氧代谢

蛋白质供能代谢不是人体运动所需能量的主要来源。在长时间大强度运动中，人体内存在蛋白质降解和氨基酸参与供能的情况。但即使食物中供糖不足或糖被大量消耗后，蛋白质供能也很少。

3. 脂肪的有氧代谢

脂肪参与供能只能通过有氧代谢这一途径。因此，有氧运动可有效燃烧脂肪，达到瘦身健美的目的。

有氧氧化系统可以保证人体参与长时间的耐力活动，是耐力素质发展的重要基础。

第三节　休闲体育健身的心理学基础

休闲体育健身过程伴随着丰富的心理活动，了解健身过程中的各种心理影响因素及心理活动过程，有助于调整心理，保证健身活动的顺利进行。

一、休闲体育健身者的心理影响因素

（一）心理定向

所谓心理定向，具体是指动作开始以前以及动作完成过程中心理的准备状态和注意的指向性。心理定向能够带来诸多积极的综合反应，并且促进心理活动的调整。

心理定向与运动健身密切相关，准确的心理定向对于健身运动者正确掌握和提高技术动作非常重要，能够帮助运动者的动作在内容、结构等方面调整得完全符合技术特点，这样健身者运动时就能够及时在头脑中设计完成各种动作的过程。

休闲体育健身运动中，健身方法和手段不同，会引导健身者形成不同的心理定向，进而使健身者形成不同的技术特点和技术风格。其根本的原因在于，心理定向不同，运动者的注意力集中点不同，形成的技术动作也不同。

（二）动机

动机是个体的内在过程，具体是指推动个体从事各种运动的心理及内部动力。根据不同的分类标准，可以将动机分成不同的种类，具体如下：

根据需要的性质，可将动机分为生物性动机和社会性动机，前者是指以生物性需要为基础的动机，如因饥饿、口渴而产生的动机；后者主要是指以社会性需要为基础的动机，如成就动机、交往动机，很多人是出于健身、扩大交际范围而参与休闲健身运动的。

根据动机来源分，可以将动机分为内部动机和外部动机两种。内部动机是以生物性需要为基础，如在运动过程中体验到强烈的满足感的动机。内部动机能够从内部驱动运动者的运动行为，对人起到激励作用，其行为的动力就是运动者内部的自我动员；外部动机是通过参与运动而获得奖励来满足自身社会性需要的动机，其行为的动力来自外部的动员力量。

根据兴趣分，可将个体的动机分为直接动机和间接动机。直接动机是指以直接兴趣为基础，指向运动本身的动机。对运动项目本身感兴趣，认为在运动过程当中能够将其潜力显现得淋漓尽致，使自己获得极大的满足，受到这种思想驱动的动机就是直接动机；间接动机是指以间接兴趣为基础，指向活动结果的动机。如运动者为提高运动水平、获得荣誉而积极参与运动训练，这就是间接动机的结果。

要使运动者积极参与休闲体育健身运动，并能长期坚持，就需要重视健身动机的培养。首先，要重视运动健身的娱乐性，满足乐趣需求。如在休闲体育运动健身初期，一定要合理选择健身内容，科学安排训练时间和负荷，选择对运动者比较有吸引力的运动内容和项目。其次，重视通过强化手段培养动机。通过对个体之外的各种刺激，包括各种生物性和社会性因素的刺激，激发运动者参与休闲体育健身的积极性与主动性。最后，重视自我调整。运动者对自身的各种情况更加了解，如果能够学会自己制定健身计划，那么可能使健身计划变得更加完善。树立良好心态，正确对待休闲体育健身，往往更能使运动者保持健身热情，长期坚持下去。

（三）认知

认知，又称认识，指人认识外界事物的过程。人的认知能力和体育运动健身锻炼是相互影响的。

首先，运动健身促进认知，训练对人的认知能力有着非常重要的促进作用。运动者在运动过程中能够对外界物体做出迅速、准确的感知和判断，同时也能迅速感知和调整自己的身体，从而更好地完成动作。长期参与训练能够使人变得灵活、敏锐，充分锻炼人的判断能力、记忆能力和思维能力。实践证明，长期的运动健身训练可以提高个人智力水平，也可以提高个人的记忆、注意、思维、反应和想象等能力，还可以稳定情绪，使性格开朗、延缓衰老等。

其次，认知提高可提高运动健身效率、效果。个体认知能力的提高对运动者的运动训练是十分有利的，这些非智力成分对于提高和发展人的智力水平有着非常重要的作用，并能促进个体在体育健身过程中快速学会技术动作和领会动作要点，准确、高效地完成动作。

（四）情绪

情绪是一个非常重要的心理活动影响因素。运动心理学研究表明，情绪在运动者的体育运动健身过程中的影响作用很大。情绪对个体动作技术的掌握起着非常重要的作用，具体表现在以下两个方面：

一方面，良好的情绪可以起到"增力"作用，如明显地增强人的活动能力，使人体运动能力进一步加强等。

另一方面，不良情绪的"减力"作用则是显而易见的，具体表现为精神不振、无精打采、心灰意冷、注意力不集中等。

休闲体育运动娱乐性强、新奇刺激，但是要真正长期从事一项或几项休闲体育运动项目时，就必然要掌握相应体育运动项目的动作技术内容并不断练习，这一过程往往是枯燥的，如果运动者没有良好的耐心，情绪焦躁，就很难掌握好动作技能，可见，良好情绪的培养是非常重要的。

（五）意志

意志是人为了实现确定的目的，而支配自己的行为，并在运动时自觉克服困难的心理过程。意志与行动之间具有密切的关系。

具有坚强的意志品质对于运动者掌握动作技能，提高身体素质水平和运动水平等具有重要作用。具体表现如下：

（1）健身初期，一些动作对于未接触过该项运动的人来说比较难完成，容易给运动者增添畏惧心理，而坚定的意志则有助于运动者克服这种畏惧恐慌的心理，顺利完成动作。

（2）健身期间，运动者的肌肉有时会处于非常高的紧张程度之下，需要高度集中注意力，有时甚至需要完成一些具有一定难度的动作，此时在意志力作用下能够满足完成动作的需要，并克服外部和内部因素干扰。

（3）健身活动持续一段时间后，需要运动者的机体各系统全面运转，容易导致疲劳，甚至是运动损伤，意志坚强者能够克服由于疲劳和运动损伤而产生的消极情绪，顺利完成本次健身活动，并在以后的时间里持续参与健身锻炼。

（六）注意力

注意力是个体心理活动对一定对象的选择性指向和集中，是个体的一种心理状态。

良好的注意力要求运动者具有一定的注意广度、深度，并能集中注意力，对于运动者接受新的运动训练知识和技能知识的速度加快具有重要的帮助作用，这有助于运动者更快、更准确地掌握技术动作。

二、休闲体育健身中的个性心理特征

（一）性格

性格是指个人对现实的稳定的态度和习惯化的行为方式，是个体个性的一个方面。性格是现实社会关系在人脑的反映，个人对现实的稳固态度和采取某种行为方式，都是一定思想意识和行为习惯的具体表现。不同性格的人，或喜静或喜动，会倾向于选择不同的休闲体育运动项目。

当然，人的性格是会发生变化的，如一个胆小、害怕改变和冒险的人，经过长时间的运动训练和多次比赛，很可能变成一个胆大、勇敢和富于冒险精神的人。通过参加不同类型的休闲体育健身项目，可以促进个体良好性格的形成及完善。

（二）气质

气质是指人的心理活动中稳定的动力特征。不同气质类型的人的神经系统表现特点不同，因此也会有不同的行为表现。

了解或鉴定不同人的气质类型，对运动者科学地选择与参加休闲体育健身运动计划指导、教学训练指导、运动管理等都具有十分重要的参考作用。

（三）能力

能力是指顺利完成某种活动必备的心理特征，包括观察力、记忆力、思考力、想象力和注意力等。

能力是运动者掌握运动技能、提高运动成绩的基础，在参加体育运动的过程中，特别要注重个人基本能力的培养，如人与人之间能力类型的差异（有人擅于形象思维、有人擅于抽象思维）、能力表现早晚的差异、能力发展水平的差异（如有人聪明、有人愚笨；有人敏捷、有人迟钝）等。

三、健身者运动技能学练的心理过程

（一）感知过程

1. 运动与感觉系统

（1）动觉：又称"运动觉""本体感觉"，这一感觉负责将身体运动的信息传输给大脑，它是发展高水平运动技能的关键。

（2）视觉：视觉对运动训练来说是至关重要的，其中最重要的一点就是与同伴的动作配合离不开视觉的帮助。

（3）听觉：可在健身锻炼活动中有效诱发运动者动觉中枢的兴奋，使人产生强烈的节奏感，引发听觉和动觉的联合知觉，促进运动者感知、学习新的技术动作。

（4）触压觉：非均匀分布的压力在皮肤上引起的感觉，分为触觉和压觉两种。良好的触压觉是运动者掌握正确动作的基础。

体育运动健身锻炼过程是运动者对不同技术动作的学习和练习过程，需要运动者多个感觉器官共同参与。

2. 运动与知觉系统

（1）空间知觉：包括方向知觉和距离知觉，能帮助运动者确定动作的正确空间位置。

（2）时间知觉：对时间长短、快慢、节奏和先后次序关系的反映，揭示出客观事物运动和变化的延续性和顺序性。对运动者准确把握动作各环节的完成时间并且形成正确动作技术具有重要作用。

（3）运动知觉：对运动者把握正确的动作要领以及动作时间、空间变化有重要影响，良好的运动知觉可促进运动者运动技能的提高。

（二）记忆过程

记忆是学习理论知识和实践动作技术的重要前提和基础。如果没有记忆，人就无法学习。

在休闲体育健身过程中，与健身活动联系密切的是运动记忆，运动记忆与人体的肌肉活动密切相关。

运动记忆有短时运动记忆与长时运动记忆之分，短时运动记忆的遗忘速率会随着时间的变化而变化，先快后慢，但记忆内容并不会全部忘记。而长时运动记忆是指学习一项运动技能，在熟练掌握后能够记忆相当长的一段时间，是运动者形成良好的动作自动化的基础。

（三）思维过程

思维，是个体对大脑所获取的内部信息和外界信息的整理、归纳、总结。认知心理学研究表明，在体育锻炼中，运动者的操作思维能够有效反映肌肉动作和操作对象的相互关系，因此运动者对运动技能的掌握以及表现都离不开发达的操作思维。正是由于思维的存在，运动者才能正确认识动作、分析动作的完成过程，并通过练习准确掌握技术动作要领完成技术动作。

（四）意志过程

意志是在认识的基础上，情感的激励下产生的心理活动，是在机体生理和心理疲劳状态下，通过心理暗示继续保持运动健身活动的强大精神动力。

长期的休闲体育健身活动会消耗运动者巨大的生理，对运动者的精神、精力、时间等都是一个严峻的考验。

体育健身锻炼过程中，需要克服各方面的困难，包括主观上的和客观上的，运动所必需的注意力高度集中、紧张而迅速的思维、不断变化的强烈的情感体验等，消耗大量的心理能量。因此，必须有坚强的意志，以保证本次健身活动和长期健身的持续进行。如此才能收到良好的健身效果。

休闲体育健身活动初期，机体兴奋性高，容易坚持，但要长期持续进行，运动者就必须充分发挥自己的主观能动作用，具有坚强的意志品质，即明确的目的性、行为的自觉性、对困难能勇敢坚定地去克服，否则就会致使健身活动中断，前功尽弃。

第四节　休闲体育健身的运动学基础

一、休闲体育健身的运动学理论

（一）运动素质转移理论

运动素质的转移，主要是指某些素质的发展会引起其他素质的发展，为了取得理想的训练效果，运动训练者应熟练掌握运动素质转移的基本理论及内在规律。

休闲体育健身过程中，如果不同运动素质的能量供应来源基本相同，通过相同内容训练可使这两个或多个不同运动素质都得到发展；而技术动作结构的相似性也有利于促进运动素质的积极转移。此外，有机体系统构成的整体性是影响运动训练过程中运动素质转移的重要机制。休闲体育健身过程中，运动训练者所表现出的运动素质是在中枢神经系统的支配下发挥各器官系统的综合作用的结果，机体这些器官功能的提高自然有利于其他运动素质的发展。

任何运动项目都需要运动者多种身体素质的共同参与。科学的体育教学训练就是要促进运动者不同身体素质之间的相互促进的良性转移，并最终促进运动者体能素质的整体提高。因此，休闲体育健身中促进运动素质良性转移有利于高效完成健身活动并提高运动水平。

（二）运动技能形成理论

运动的生理机体是以大脑皮质活动为基础的暂时性神经联系。因此，人体掌握运动技能的生理本质，就是人体建立运动条件反射的过程。运动训练中，运动者的各项运动条件反射是由大脑的各器官发育成熟后，机体在这些非条件反射的基础上，经过听觉、触觉、视觉和本体感觉与条件刺激物多次结合，从而形成了简单的运动条件反射（具体表现为各项运动训练技能的发挥）。

简单的运动条件反射的不断重复和多种简单的运动条件反射的综合，就实现了运动者对复杂运动技能的掌握。

二、人体运动系统构成与运动影响

（一）肌肉构成与运动

1.肌肉的构成

肌肉是人体运动系统的构成基础，具有非常重要的地位。肌肉最基本的组成单位是肌纤维，许多肌纤维通过有机的排列组成肌束，表面有肌束膜包绕，许多肌束聚集在一起构成一块肌肉。肌组织和结缔组织分别构成肌肉的收缩成分和弹性成分，肌组织是肌肉的收缩成分，人体通过肌纤维的主动收缩和放松，完成各种肢体运动。

骨骼肌是肌肉的一种，附着于骨骼上的肌肉，是运动系统的主体部分。骨骼肌在神经系统支配下，通过收缩牵动骨骼，或维持人体处于某种姿势，或产生人体局部运动及整体运动。

2.肌肉与运动健身的关系

长期科学从事休闲体育健身活动，可使机体的肌纤维内蛋白质合成增强，肌纤维变粗，肌肉营养性肥大，有利于增加肌肉力量，提高肌肉工作效率，延长肌肉寿命。如运动性心脏的形成，能增加每搏血氧输出量，使心脏更具活力、更健康、使用期限更长。

（二）骨构成与运动

1.骨的构成

骨是人体运动系统的重要构成部分，对运动者参与运动训练起着非常重要的作用，如支撑功能、造血功能、储备钙和磷的功能、运动功能等。

（1）支撑功能。骨与骨相互连接，构成坚固的支架，支撑身体局部或整体的重量，使人体得到一定的身体轮廓和外形。

（2）保护功能。骨通过构成体腔的壁，对腔内的重要器官进行保护，如脊柱对脊髓的保护、胸廓对心和肺的保护、骨盆对膀胱和子宫的保护等。

（3）运动功能。作为运动的杠杆，骨在神经系统的调节下，当肌肉收缩时，能够通过对骨绕关节的运动轴进行牵引而产生各种运动。

2.骨与运动健身的关系

一方面，研究证明，高强度负荷的运动可使骨皮质加厚、骨骼增粗、骨小梁排列密集。这些都会增强骨的强度和坚固性。经常参加休闲体育健身运动的人，即使因外伤骨折，愈合速度也比常人快。

另一方面，在人体的成长发育过程中，经常参与休闲体育健身运动，能够促进骨骼的生长发育，如经常进行跑、跳、球类及体操等运动项目，能促进胸廓和长骨的发育，使胸围增大、身高增高。

（三）关节构成与运动

1.关节的构成

关节的存在使得人们可以完成各种运动，人体的运动都与关节联系密切。在骨骼肌的牵引下，运动环节（指两个相邻关节之间的部分）可绕关节的某一轴运动，从而使人体完成各种运动。具体来说，关节运动的基本形式主要包括以下四种：

（1）屈伸运动：屈和伸运动环节在矢状面内绕冠状轴的运动。

（2）外展与内收运动：外展和内收运动环节在冠状面内绕矢状轴的运动。

（3）环运动。

（4）环绕运动：旋转运动环节在水平面内绕垂直轴的运动。

2.关节与运动健身的关系

运动实践表明，通过运动健身过程中增强参与关节运动的原动肌力量，能提高机体对抗肌的伸展性，同时，也进一步提高关节囊、韧带的伸展性，增大关节的运动幅度，提高关节的灵活性，这对运动者专项运动技能的提高意义重大。

关节通过韧带连接，韧带的相连可以加固骨与骨之间的关节，肌腱附着于骨上。由于韧带和肌腱是通过互相协作来发挥作用，因此运动锻炼对其影响也一样。科学的休闲健身能使人体的关节软骨增厚，结缔组织增加，耐压缩性增强，增加肌腱和韧带以及它们在骨上附着点的强度，有助于提高韧带拉力的耐受性。

第三章　游泳健身的作用与原理

第一节　游泳健身的作用

一、游泳健身对身体健康的作用

（一）游泳健身运动与心肺功能

在影响人体健康的众多因素中，心肺功能占有重要地位，因为它决定着人体的氧供应量。氧气从体外进入体内直至被人体生命活动所利用的整个过程，必须由心肺功能来完成。游泳时，在水的压力、浮力、阻力等因素的作用下，对人体心肺功能提出了较高的要求。因此，经常进行游泳锻炼，可以使心肺功能得到明显的改善和提高，特别是对处于生长发育阶段的青少年来说，心肺功能的改善和提高更有益于他们的健康成长。

1. 游泳健身运动能有效地改善心血管系统机能

（1）由于水的浮力作用，游泳健身运动成为唯——项人体以水平姿势进行运动的项目。当人体平卧于水中时，人体的头部、上下肢与心脏在同一水平面上，血液循环处于水平横向流动状态。在水压的作用下，血液从肢体回流至心脏也较为容易，从而增加了心脏容积，增强了心肌搏动的力量，使心脏功能得到充分改善。

（2）游泳时，人体中几乎所有的肌肉群都参与活动，这需要血液源源不断地通过密布的毛细血管把氧气和营养物质输送到肌肉群，这就要求心脏提高工作能力，其结果是促使心肌及血管壁增厚、弹性加大，心脏每搏输出量增多，从而使心血管系统的功能得到加强。比如，一般人在安静状态下每分钟心脏跳动66～72次，每搏输出量为60～80毫升；长期参加游泳锻炼的人，心肌发达、心脏收缩能力高，因而他们在安静状态下每分钟心跳只有50～60次，每搏输出量却可达到90～120毫升。所以经常参加游泳锻炼的人，心肌不易疲劳，心脏的工作效率大大提高，为从事体力劳动或进行剧烈活动储备了力量。

（3）游泳还可以使血管壁的弹性增大、毛细血管的数量增加，明显地提高循环系统机能，从而使人体保持良好的体力，维持良好的健康水平。

（4）从生理角度来看，游泳时身体受冷水刺激，这种刺激能促使毛细血管急剧收缩，从而能促进血管末梢的血液回流心脏。受其影响，心脏的新鲜血液不断地流至全身，使血液处于良性循环状态，而这种良性循环能够预防血管老化。

2.游泳健身运动能增强呼吸系统的机能

在各种运动项目中，提高呼吸机能最好的方法是参加游泳锻炼。这是因为：

（1）游泳时人的胸腔和腹部都受到水的压力，其中，胸腔承受的压力为120～150牛顿，呼吸时必须克服这种压力，从而促使呼吸肌加倍努力工作，以满足游泳健身时人体对氧的需要。这种外界环境的负荷使呼吸肌逐渐发达、强壮，变得更加有力。

（2）游泳时与陆上运动时的呼吸节奏不同。由于受水环境的制约，呼吸次数不宜过多，并且需与技术动作保持协调配合，这样就势必要加大呼吸深度才能满足人体对氧的需求。长期的游泳锻炼，可以使呼吸深度增加，肺活量提高。而肺活量的提高反映着肺功能的增强，也就是说，肺活量的增大，能够保证在每次呼吸时充分吸入氧气，排出二氧化碳，使身体组织细胞的新陈代谢旺盛。肺功能的增强可以使人们精力充沛地坚持长时间的工作、学习而不易感到疲劳。比如，优秀男子游泳健身运动员的肺活量可达6000～7000毫升，而一般健康男子的肺活量在3500毫升左右。

北京大学曾对选修游泳课的学生做过肺活量指标测试比较。通过一个学期游泳课的锻炼，男生班的平均肺活量由初测时的3489毫升提高到3845毫升，女生班的平均肺活量由初测时的2764毫升提高到3358毫升，提高幅度之明显足以说明游泳锻炼对呼吸系统功能促进作用之显著。

（二）游泳健身运动与耐寒能力

虽然人的耐寒能力是有一定限度的，体质不同的人对寒冷刺激的反应也是有差别的，但体育锻炼可以提高机体对寒冷的耐受性。耐寒锻炼对人体的心血管系统、呼吸系统、消化系统、运动系统、内分泌系统的功能增强都有帮助，可以降低冠心病、脑血管疾病、感冒、咳嗽、关节炎等病症的发生。游泳是在水中这一特殊环境下进行的活动，对提高人体耐寒能力有较好的效果。

（1）游泳是在水环境中进行的运动。水的导热能力比空气的导热能力大23倍左右，因此，人在游泳时的热量消耗较在空气中大大增加。实验证明：人在12℃水中停留4分钟，要消耗418.59千焦（100千卡）热量；而在同样温度的空气中，需要停留一小时才能消耗同样多的热量。这足以证明在冷水环境中游泳对培养人体的耐寒能力极有好处。

（2）反复的冷水刺激能使血管的收缩功能更趋完善，可缩短血管收缩时间，加快扩张过程，促进皮肤、黏膜的血液循环。国外研究发现，游泳能直接促进皮下各组织的新陈代谢，使人体体温调节系统的功能进一步得到改善，从而提高人体的耐寒能力。

（3）游泳时，人体进入比体温和气温低的水中活动，这就要求机体一方面要加快产热过程，另一方面要减慢散热过程，以维持体温的相对平衡。因此，经常游泳的人，在出入水的过程中，神经系统的体温调节机能得到锻炼，人体对不同水温、气温的适应能力得以改善；同时，处于冷水刺激中的兴奋状态下的肌体，其造血能力与免疫机能均会因受到刺激而得到加强，表现为血液中的红细胞、白细胞含量增加，网状内皮细胞吞噬作用加强。

上述人体生理表现证明，游泳不但强化了肌体的应变能力、提高了机体的耐寒能力，也加强了肌体对某些疾病的抵抗能力。

（三）游泳健身运动与力量素质

游泳健身运动是通过手、臂的快速划水和脚、腿的快速打水（蹬水）来获得推进力的。游泳时，身体各个肌肉群都参与了运动，从而使全身各部位肌肉都得到锻炼。

（1）我们知道，水的阻力比空气的阻力要大800多倍。当人们游泳时，双臂划水、双腿蹬水或交叉打水，乃至颈、胸、背、腰、臀等全身的肌肉都参与协调运动。根据流体力学中速度与阻力平方成正比的定律，人在水中的运动速度如果增加两倍，阻力就会增加四倍。因此，游泳速度越快，阻力就越大，越能刺激大脑皮层，从而反射性地调动更多的肌肉群运动起来，促使全身肌肉得到统一、有序的锻炼。

（2）游泳属于周期性的运动方式。尽管游泳姿势各不相同，但有一点是共同的，那就是参加运动的肌肉都处于紧张与放松的有节奏的交替运动状态，持之以恒地锻炼会使肌肉变得柔软而富有弹性。同时，这种周而复始的运动特征对提高肌肉耐力有着明显的作用。肌肉耐力高，说明肌肉对氧的利用率高，人体体力好。因此，游泳是提高人体肌肉耐力的最佳运动项目之一。

（3）由于在游泳的推动力中占较大比例的上肢动作，是以转动肩膀的形式进行的，因而，胸大肌、三角肌、肱三头肌和上半身的背部肌肉群运动负荷更大，加之游泳时胸廓要承受一定的水压力，游泳对呼吸肌的锻炼也十分明显，因此经常游泳健身的人上半身肌肉都很发达，肌肉力量也明显强于常人。

（四）游泳健身运动与柔韧性素质、灵敏性素质

柔韧性是指人的各个关节活动幅度以及肌肉、韧带的弹性和伸展能力；灵敏性是指人体在各种复杂条件下，快速协调、准确、灵活地完成动作的能力。游泳是全身运动，它可以调动肌肉、骨骼围绕各个关节做各种动作以克服水的阻力，使身体获得向前的推进力。在这一过程中，身体的柔韧性与灵敏性将得到很大的锻炼。

（1）游泳时人体平卧于水面的特殊身体姿势以及水具有的浮力、阻力等特点，使得人在水中运动时，肌肉、关节、韧带可得到更大范围的锻炼。同时，不同泳姿对各部位关节柔韧要求又略有不同：蛙泳可以提高膝关节、踝关节的柔韧性；蝶泳对肩关节、踝关节及腰部的柔韧性要求较高；爬泳、仰泳主要促进肩关节及踝关节的柔韧性。因此，游泳锻炼可以使练习者的柔韧素质得到较大幅度的提高。

（2）当人体漂浮在水中时，在四肢关节和脊柱的运动不会受到来自周围物理性的硬

性冲击的情况下，做着或慢或快或俯卧或仰卧等各种复杂的动作。为了减少阻力，锻炼者在水中要协调、准确地做各种动作，这些水中动作对发展人体灵敏性有着积极的作用。

（五）游泳健身运动与体型

游泳时身体各部位机体和肌肉都参与运动，使得骨骼、肌肉得到均匀和全面的发展。因此，经常参加游泳锻炼的青少年体态匀称而优美，呈现肩宽、髋窄等现代青年所崇尚的健美体型。

（1）根据流体力学理论，阻力与速度平方成正比，即游泳速度越快，受到的阻力就越大，这样大脑皮层必然动员更多的肌纤维参与运动，从而促进了全身肌肉的全面锻炼。而游泳动作周期性的运动方式，可使每一次划水和打水时肌肉处于紧张收缩与放松舒张的有规律的交替状态下，长期锻炼可使肌肉的弹性、协调性得到加强，塑造"肩宽、胸厚、胸廓大而有力、四肢修长、匀称"的倒三角形体型。这是一种优美而柔和的"流线型"体型，展现青春活力，是青年人颇为崇尚的健美体型。研究人体形态的专家公认：在所有体育运动员中，唯有游泳运动员的体型是最佳的。青少年学生如能长期坚持游泳锻炼，同样能拥有理想身材。

（2）水的密度和导热性都比空气大和强，所以水中运动消耗的能量也比陆上其他运动消耗的能量要多。同时在游泳过程中，身体受到冷水刺激，会引起甲状腺素反射性分泌增加，使物质能量的代谢过程加强，加速肝糖原的分解和脂肪的氧化，加速能量消耗，有利于减少多余的脂肪，保持正常体重。瘦体型的人，如果坚持游泳，食欲就会增加，消化吸收功能也会得到改善，逐渐丰满健壮起来。因此游泳具有减肥、健美双重功效。

游泳对身体健康除具有以上作用外，还具有防病治病、延缓衰老等功能。例如可以作为关节、韧带损伤后康复阶段的辅助治疗，以及帮助慢性疾病（如哮喘、糖尿病）恢复等等。

（六）游泳健身锻炼方法

1.运动的科学基础

（1）健康体适能评价与锻炼计划

参加体育锻炼之前进行健康体适能评价是制订和实施健身运动计划的第一步，也是确保健身运动的有效性和安全性的重要环节，其目的在于全面了解个人或家庭成员的健康状况，以便确定其是否适合参加某项健身运动以及根据自身的特点制订健身运动计划。

制订健身运动计划是一个依据一般健康监测、健康体适能水平评价以及个人健身锻炼目的和动机，来制定健身锻炼目标、规划健身锻炼项目和安排健身运动日程的过程。通常包括以下内容：个人健康体适能水平及其基本构成特点；健身锻炼的长期规划和阶段性目标；实现健身锻炼目标的各种健身锻炼手段、方法和日程安排；保证健身计划有效实施的各种建议等等。

（2）健身练习

健身练习通常是指为实现健身锻炼的目的而进行的各种身体活动。

依据人体进行身体练习时能量代谢特点的不同，生理学通常将各种身体练习分为有氧练习和无氧练习两类。有氧练习是指运动过程中肌肉所需能量主要来源于糖和脂肪等能源物质的有氧氧化的身体活动，这类练习的特点是运动强度相对较小、持续时间较长。无氧练习指的是运动过程中肌肉所需能量主要来源于能源物质无氧代谢的身体活动，这类活动的特点是运动强度较大、持续时间较短。在日常生活、学习和工作中，机体活动所需要的能量大部分来自能源物质的有氧氧化；而在进行各种竞技运动和体育锻炼时，绝大部分的身体活动是分别从有氧代谢和无氧代谢中获取能量的混合活动，只是获取能量的比例不同而已。

健身练习是保持和提高身体运动能力与健康体适能水平的基本手段。

人们在进行体育锻炼时应了解影响体育锻炼效果的锻炼强度、锻炼时间和频度等因素。

1）锻炼强度。锻炼强度是指在单位时间内完成的运动量。锻炼强度对锻炼者的机体影响最大，所以强度安排是否恰当是影响锻炼效果的关键。

锻炼强度的确定有三种方法。第一种方法：用耗氧量确定强度。健康人、青年人可以用运动负荷实验中所测得的最大吸氧量的百分比控制运动强度。例如，80% 最大吸氧量的强度为较大强度；50% ~ 60% 的最大吸氧量为中等强度；40% 以下为较小强度。再如，为了提高心脏的功能、增强有氧工作能力，可以用 50% ~ 80% 的最大吸氧量强度，用小强度则无效。对无能力测定吸氧量的人，就无法应用这种方法了。第二种方法：用最高心率确定强度。最高心率的测定既要通过运动负荷试验，也需计算出目标心率。

2）锻炼时间。锻炼时间是指每次锻炼所持续的时间。锻炼时间的长短，要根据个人资料、医学检查、锻炼频度的大小而定。

锻炼时间的确定：每次运动的持续时间一般要求达到有效强度后，至少持续 15 分钟才能见效。但是运动时间的长短与运动强度成反比，强度大，持续时间可以相应缩短；强度小，时间应延长。例如，有氧锻炼每次锻炼持续时间一般在 30 ~ 60 分钟之间，具体时间依强度大小而定。

（3）锻炼频度。锻炼频度是指每周锻炼的次数。锻炼间隔时间过长或过短都会影响体育锻炼的效果。

锻炼频度的确定：一般是每周 3 ~ 4 次或隔日一次。因为每周运动两次以下，不足以使最大吸氧量得到足够的提高，偶尔参加几次只能增大软组织损伤的可能性。另外，还要考虑体力的好坏、运动能力的强弱等因素。体力好、运动能力强的人，运动次数可以多一些；反之，则可以少一些。

锻炼强度、持续时间和频率是构成体育锻炼练习负荷的基本要素，它们之间既互相联系，又互相影响。在其他要素不变的情况下，任何一个要素的变化都会改变身体承受的生理负荷，从而影响体育锻炼的效果。

2. 游泳健身方法

体育运动可以改善人体内脏器官功能和身体素质。游泳锻炼就具有这样的效果。锻炼者在游泳时可以通过不同的练习内容，达到不同的锻炼效果。

（1）游泳锻炼的运动负荷

参加游泳锻炼时，练习负荷和练习强度要慢慢增加。开始时短距离游一段休息一次（比如每游 50 米休息一次），然后逐渐延长运动距离和一次锻炼的总距离。

经过一段适应性锻炼，就可以给自己拟订一个锻炼计划。下面这些例子是按 25 米为一程计算的。需要注意的是，练习过程中绝不要有过分吃力的感觉，尤其是锻炼计划完成后，如果感觉过累，就应该修正锻炼计划，降低练习负荷和强度。

1）小运动负荷练习（总距离为 400 米左右）。一次锻炼时间在 20 ~ 25 分钟。可采用：①5 分钟准备活动（陆上做操、慢跑）。②使用浮板做自由泳打腿 25×6 米（150 米），每趟结束休息 45 秒（间歇时间）。③$25 \times 6$ 米仰泳（或蛙泳），间歇时间为 45 秒。④连续游 3 分钟，可用任何姿势，然后休息 1 分钟。⑤$25 \times 2$ 米放松游。

2）中运动负荷练习（总距离为 700 米左右）。一次锻炼时间为 30 ~ 35 分钟。①5 分钟准备活动（陆上做操、慢跑）。②仰泳单臂划水 25×6 米，间歇时间为 30 秒。③仰泳打腿练习 25×6 米，间歇时间为 30 秒。做②、③这两种姿势时都要注意技术动作。④自由泳 300 米连续游。⑤蛙泳 25×6 米快、慢游交替，间歇时间为 45 秒。⑥100 米放松游。

3）大运动负荷练习（总距离为 1500 米左右）。一次锻炼时间为 45 ~ 60 分钟。①5 分钟准备活动（陆上做操、慢跑）。②$25 \times 5$ 米蛙泳，间歇时间为 30 秒。③$25 \times 5$ 米自由泳，间歇时间为 20 秒。④$200 \times 3$ 米仰泳（或蛙泳、自由泳），每 200 米休息 1 分钟。⑤$25 \times 16$ 米混合泳，交替使用所有泳姿（如有可能可包括蝶泳），间歇时间为 30 秒。⑥200 米放松游。

（2）提高心肺功能的锻炼方法

以有氧代谢供能为主的练习可以有效提高心肺功能，而游泳锻炼是提高有氧代谢能力最佳的运动项目之一。大学生可以采用以下方法达到提高心肺功能的目的。

练习方法：①以长距离为主的练习，要求练习强度较小，如 400 米以上距离游、单位时间内完成一定的距离游（20 分钟游）等。②间歇游练习，练习要求强度一般，休息时间较短。如 $200 \times n$ 米（也可 100 米）游，速度要求不高，但间歇时间较短，如休息 1 分钟。③手腿分解技术游练习，一般练习强度。如 200×2 米或 400 米打腿或 400 米划手练习，速度要求一般。

比较简易评价方法是经过一段时间（如半年、一年）的锻炼，可以通过测定早晨安静时的脉搏以及肺活量等指标来评价自己的健身效果。

3.提高肌肉力量的锻炼方法

游泳是全身运动，它通过克服阻力来获得推进力。因此，在游泳健身过程中，练习者的肌肉始终处于运动负荷状态之中。

（1）练习方法

1）肌肉耐力练习。游泳是周期性运动项目，它对肌肉耐力的要求非常高，因此游泳锻炼可以有效提高肌肉抗疲劳能力。发展肌肉耐力的练习方法主要有中、长距离游。

2）专门性练习。通过水上专门性练习，发展身体各部分肌肉的力量。例如，短距离冲刺练习。25×4米自由泳快速游，间歇时间稍长，可以发展肌肉的爆发力；25×8米快速打腿，可以发展下肢肌肉力量；25×8米快速划手，发展上肢及躯干部位肌肉力量；50×4米速度游，可采用各种泳姿进行练习，强度大，间歇时间可稍长（脉搏基本恢复至该练习前的次数）。

3）以不同泳姿发展不同部位肌肉力量。游泳姿势有多种，不同的泳姿侧重不同的肌肉群。①蛙泳要求手臂与肩部肌肉充分伸展，抬头吸气时要求颈部肌肉与背部肌肉有一定的紧张度，且腿部力量对蛙泳的速度起着重要作用。②自由泳中对速度起决定性作用的两臂划水，主要靠胸大肌来发力，因而自由泳对发展胸大肌效果明显。③仰泳的肢体运动与自由泳类似，不同之处是这种姿势有利于充分锻炼背部肌肉，同时对大腿股四头肌力量要求也较高。④蝶泳对身体素质要求较高，因身体做波浪形运动，故要求背部与腹部肌肉协调用力。

4）陆上辅助力量练习。为了提高水上肌肉运动能力，可以采用陆上力量练习。例如，①卧推杠铃，发展胸大肌、肱三头肌和伸小臂肌肉群的力量。②滑轮拉力，俯卧在凳上进行单臂或双臂的练习，主要发展背部肌肉与上臂肱三头肌力量。③负杠铃下蹲，发展大腿股四头肌的力量。

上述练习，多次数、小重量的练习主要发展肌肉耐力；少次数、大重量、快速练习主要发展肌肉的爆发力；少次数、最大重量的练习主要发展肌肉的绝对力量。

（2）简易评价方法

1）超短距离速度的提高，如25米冲刺游成绩比较。

2）卧立、俯卧撑考评比较（大学生体质测试项目）。

3）水中练习自我感觉，如长距离游泳练习后肌肉疲劳状态的比较（与进行游泳健身前）。

4.提高柔韧性的锻炼方法

柔韧素质是指人的各个关节的活动幅度，以及肌肉和韧带的伸展能力。柔韧素质的好坏直接影响游泳技术的正确掌握程度。影响柔韧素质的因素主要有肌肉、韧带组织的弹性、关节的骨结构和关节周围组织的体积大小。

（1）练习方法

与游泳健身运动有关的柔韧练习方法主要有以下几种：

1）发展肩关节柔韧性，如压肩（正压肩、反压肩），转肩练习。

2）发展下肢柔韧性，如弓箭步压腿，后拉腿，正压腿，侧压腿练习。

3）发展踝关节柔韧性，如跪压踝关节，提踝练习。

4）发展腰腹部柔韧性，如体前屈，体侧屈，转体练习。

5）牵拉练习。①动力牵拉是用较快的速度和较大的力量使关节活动到最大幅度，如快速肩绕环。②静力牵拉是轻柔缓慢地将关节移到最大活动范围内，然后静止50～60秒，如坐位体前屈。③被动牵拉，是静力牵拉的一种，即让他人施加一个压力，使活动幅度增大。④慢速动力牵拉是用较慢的速度进行动力牵拉，可与静力牵拉结合进行，当关节达到最大幅度时静止5秒或更长时间。⑤收缩—放松法是根据神经肌肉的本体感受器特征发展起来的，其依据是肌肉先收缩后可以更充分地放松，使活动幅度增大。

发展柔韧性要注意循序渐进、持之以恒，速度由慢到快，力量由小到大，幅度由小到大，由动力到静力；切忌用力过猛，避免肌肉损伤。

（2）简易评价方法

1）坐位体前屈（大学生体质测试项目）。

2）肩关节柔韧性（压肩）。

3）踝关节柔韧性（伸足和勾足）。

二、游泳健身对心理健康的作用

（一）心理健康的标准

1.心理健康的含义

心理健康是一个极其复杂的动态过程，涉及人的生理遗传、生活环境和社会环境等一系列错综复杂的变化。心理健康是个体健康的重要表现之一，它是个体能够持续对环境做出良好适应，并能保持旺盛的生命力，充分发挥身体潜能的心理状态和心理适应能力。

2.心理健康的标准

（1）马斯洛的心理健康标准

1）有充分的自我安全感。

2）能充分了解自己，并能对自己的能力做出正确的评价。

3）生活的理想和目标切合实际。

4）不脱离周围现实环境。

5）能保持人格的完善与和谐。

6）具有从经验中学习的能力。

7）能保持良好的人际关系。

8）具有适度的情绪表达与控制能力。

9）在不违背集体意志的前提下，能有限度地发挥个性。

10）在不违背社会规范的情况下，能适当地满足个人基本需要。

（2）世界卫生组织（WHO）提出的心理健康标准

1）具有健康心理的人，其人格是完整的，自我感觉是良好的，情绪是稳定的，且积极情绪大于消极情绪；有较好的自我控制能力，能保持心理平衡；自尊、自信、自爱，而且有自知之明。

2）具有健康心理的人在所处的环境中，有充分的安全感，且能保持正常的人际关系，能受到别人的欢迎和信任。

3）具有健康心理的人，对未来有明确的生活目标，有理想和事业上的追求，并能脚踏实地、不断进取。

（3）我国提出的心理健康标准

1）对自己有正确的认识和恰当的评价。

2）正视现实并对现实环境有良好适应。

3）建立和谐的人际关系。

4）热爱生活，献身事业。

5）保持健全的人格。

6）能控制情绪，保持良好的心境。

虽然对心理健康的评价标准不尽一致，但是在正常的认知能力、稳定的情绪、健全的个性、良好的人际关系、充足的自信心和耐受力等方面，大家的认知是统一的。

3.影响心理健康的因素

人既是有机的自然个体，也是参与社会活动的成员；人体既要进行自身的新陈代谢，也必须适应周围的各种环境。人只有在生理上和心理上不断地调节自身来适应周围环境的变化，才能有健康的生活和积极向上的进取精神。通常，来自周围环境的各种刺激都会引发人产生生理和心理的变化。这种变化有利与否，则取决于个体对刺激的认知、评价和情绪体验以及应答能力。因此，分析影响健康心理的因素问题，应从主观因素和客观因素来考虑。

（1）生理和遗传因素

人的心理活动不是遗传的，主要是在后天的社会生活环境影响和社会实践活动的过程中形成和发展起来的。但是，一个人的气质、能力、性格和神经系统的活动特点等某些方面会明显地受遗传因素的影响。

另外，人体生理结构的损害会引起不同程度的心理异常，如甲状腺机能紊乱可引发心理异常及智力、性格的发展异常，微生物感染所导致的脑炎造成的神经系统损害可导致器质性心理障碍或精神失常，并可阻抑儿童心理与智力的发展。

（2）心理和社会因素

随着社会的发展，影响心理健康的心理和社会因素是复杂多样的，其中影响较大的有家庭环境与早期教育、生活事件与环境变迁、都市化、心理冲突以及不良人格特征等。

1）家庭环境与早期教育：家庭是影响个体早期心理健康的重要因素。早期母婴关系和稍后期的儿童与父母关系，对儿童长大以后的人际关系和社会适应能力有很大的影响。特别是儿童早期如果与父母建立和保持良好关系，对其以后的发展会产生积极的促进作用；相反，就会产生消极作用。

2）生活事件与环境变迁：人们日常生活中遇到的各种各样的社会生活变动，即生活事件，如考试、升学、亲人病故等。这需要个体付出很多的时间和精力去调整和适应随之而来的生活变化以减轻精神压力，生活事件造成的精神压力越强烈持久，对心理和生理平衡的影响就越大。环境变迁也是重要的生活事件，它也需要一系列的适应过程。

3）都市化：都市化在促进工业发展、商业繁华的同时，又必然导致人口密度增加、住房条件亟待改善等一些问题。繁杂的人际关系、噪声、交通拥挤等方面的影响，难免使人情绪烦躁。特别是住房拥挤、楼层较高，使人与人之间的交往减少，使焦虑、恐惧、寂寞等对身心不利的异常情绪发生的概率就会大大增加。

4.培养健康的心理

确定健康心理的标准或分析一个人的心理活动是否符合心理健康的标准是容易的，而教育、培养一个人的健康心理却是十分困难的。所以，在关注心理健康的过程中，对通过什么措施可以增进人的心理健康进行研究，是十分必要的。

（1）树立正确的人生观

一个人能否以乐观进取的人生态度面对社会和人生，决定着一个人的人生目的、人生价值和人生态度。在现实社会中，没有世外桃源，接踵而来的残酷现实、一件件不公平的社会问题、一次次的希望与失望……都是每个人无法回避的问题。我们只有以乐观进取的人生态度，冷静分析自身所处的环境及周围所发生的事情，理智应对，并把眼光从"自我"移向社会，按照社会的现实要求和一般处事方法来学习和生活，才能增强竞争意识，提高竞争能力，扩大社会视野，丰富社会阅历，主动、自如地适应社会，保持正常的心态，避免心理失衡。

（2）形成正确的理想观

理想是人生的动力源泉和精神支柱。崇高的理想，可以点燃人的激情，激发人的才智，发挥人的潜能和价值。"一个人追求的目标越高，他的才能发挥得越快，对社会就越有益，我确信这也是真理。"高尔基的这段名言是对理想的作用的精辟概括，闪烁着真理的光辉。崇高的理想会使人在黑暗中看到光明，在平凡中看到伟大，在困难挫折面前充满信心，在暂时失败中坚信胜利，成为坚强的人。

现实的生活理想和职业理想，一天天地改变着我们的信念，动摇着我们的信心，影响着我们的情绪，使我们激昂、悲观、振奋、彷徨……这一切的心理变化，又直接左右着我们的健康。所以，形成正确的理想是拥有健康心理的保障。

（3）具备良好的人际交往能力

人际交往是一种以个人为对象，彼此联络感情、协调关系、寻求心理需求满足的活动方式和活动过程。纷繁复杂的人类社会是由人际关系联合而成的网络系统，而人际交往是将个人与个人、个人与群体联结成社会网络必不可少的纽带。正常的人际交往可以获得他人的支持和帮助，可以调剂内心的痛苦和悲伤，可以驱散心灵的迷茫和仇恨。所以，不断提高个人的人际交往能力是培养健康心理的有效途径。

（4）提高自控能力

通过学习掌握一定的心理学知识，懂得心理健康的理论，努力培养自己健康的心理，培养坚定、顽强、乐观、开朗的性格，调节控制自己的情绪、情感，注意保持心理健康。

（5）增强耐挫折能力

古人云："人生挫折十之八九。"这充分说明了在个人的人生旅途中，遇到挫折的概率之大。如果过高预计自己的优势、盲目乐观，对挫折的适应能力就会变差，就特别容易造成心理障碍。所以，面对挫折，要保持清醒的头脑，调动自己的心理防御机制，缓解和排除因挫折引起的不良情绪困扰，减少内心的痛苦，恢复心态的平衡与稳定。

（6）增强身体素质

身体是心理的载体，健康的心理寓于健康的身体之中，健康的身体是保持健康心理的物质前提和保证；反之，身体疾病带来的痛苦则会影响人的心理健康，使人的情绪与情感低落、消沉、冷漠，甚至导致身体疾病的发生。人的心理和生理就是这样相互影响、相互作用的。

5.心理的自我调适与心理咨询

为保持心理健康，出现了心理障碍和心理疾病，必须及时医治、消除，否则，就可能会发展为精神分裂症，成为精神病患者，久而久之，不但影响身体健康，影响学习和工作，而且还会丧失生活的信心，甚至导致严重的后果。消除心理障碍的途径：一是靠自身的心理自我调适；二是靠请心理医生诊治或进行心理咨询。

（1）自身的心理自我调适

所谓心理的自我调适是指自身根据自己心理情况的变化，及时调整心理状态，以达到心理平衡，解决心理矛盾，消除心理障碍的目的。进行心理自我调适的方法主要有转移视线法、自我解嘲法、自寻开心法、端正认识法、破除假想法、倾诉法、放松法、宣泄法等。

（2）心理咨询

如果一个人通过心理自我调适后，仍无法解脱心理的焦虑和痛苦，心理仍无法处于平衡状态时，就应及时地求助于心理咨询机构，通过心理咨询的途径来减轻和消除心理障碍和心理疾病。心理咨询是咨询心理医生解决心理上的疑难问题，从而解脱其心理上的苦恼，增强其应对各种事情的能力，改善其人际关系，以提高其适应和调节周围环境的能力，促使其身心健康、保持心理平衡的方法。

（二）游泳健身运动对心理健康的促进作用

许多有损于生理健康的疾病往往是由心理因素造成的，如过分焦虑、紧张、忧郁、悲伤、愤懑等，都会给生理机能造成不同程度的伤害。人体的神经、循环、呼吸、消化、内分泌、生殖、泌尿、运动等八大系统相互关联，无论哪一方面出现问题，都会影响其他系统的正常运转。而如果心理健康出现问题，则会直接给八大系统带来严重伤害。因此，应当注重保持心理健康。游泳、徒步、跑步、登山等健身运动都能缓解紧张与疲劳，起到镇静剂的作用。人们在运动中融入社会和自然，可以增强自己的亲和力、人际交往能力，培养团队精神和互助互爱的品质，从而豁达心胸，达到改善和调节心理健康的目的。

游泳健身运动可以有效地发展认知能力，培养意志品质，增强运动情感，挖掘自我潜能，培养合作精神。游泳比赛中，虽然对手水平可能不同，场地环境可能不同，自身情绪可能不同，但克服困难、增进健康、取得胜利的目的永远是相同的。

1. 游泳健身运动与健心方法

（1）调节心理状态

1）游泳健身运动可以提高心理素质。游泳健身运动可以促进心理素质的提高，有效地发展认知能力，培养良好的品质，增强运动情感，塑造良好的个性。

2）游泳健身运动可以加强意志品质。意志品质是意志的表现，通常指自觉性、果断性、坚韧性和自制力。良好的意志品质是获得身心健全发展的重要心理因素。游泳健身运动是培养意志品质的重要途径，是形成健康生活习惯的良好途径之一。

3）游泳健身运动可以增加健康情感。情绪与情感是影响人的体质与健康的主要心理因素。培养和完善人的情感品质，加强心理调节，克服消极的情感障碍，对增强人的体质具有重要意义。游泳健身运动作为促进身心健康的积极形式，有着良好的心理调节功能。

4）游泳健身运动可以健全个性特征。个性是影响体质的重要心理因素，健全的个性，对于促进身心健康具有重要意义。塑造健全的个性应培养和发展人对社会环境积极的态度和行为，培养和完善人的个性心理特征，培养和提高人对自我的认识与评价。游泳健身运动对个性的塑造起着长久的、稳定的作用。

（2）提高适应能力

人体的适应能力主要表现在对人体内外环境各种变化的调整适应能力、对疾病和有害生物因素的抵抗能力以及对各种社会心理性紧张刺激的应激能力。调节通常指人体内部的神经——体液调节、中枢神经介质调节、免疫调节和组织自身调节。适应是指人体与周围环境间的关系发生较大变化时采取的一系列被动的或主动的调整，其中包括生理的、心理的、行为的或急剧或缓慢的调节等过程。游泳健身运动是在水中进行的，相对陌生的水环境和水温都会对人产生新的刺激。由初学到熟练掌握技术，由只能游较短的距离到可以在水中畅游，这种适时适量的刺激对提高机体适应能力是十分有益的。

2. 游泳健身运动与情商培养

情商是非智力因素，就是我们常说的心理素质，是一个人取得成功的关键。如果一个人性格孤僻、怪异、不易合作，自卑、脆弱、不能面对挫折，急躁、固执、自负、情绪不稳定，即使智商再高也很难有成就。心理学研究证明：人的心理状态是由智力因素与非智力因素共同构成的。在游泳健身运动中，要想使自己的聪明才智与精确熟练的技能等潜力得以最大限度地发挥与体现，不仅要具备高度发达的智力因素，而且还必须有良好的非智力因素积极参与和配合。

3. 游泳健身运动与智能的发展

智能是人对客观事物的认识能力和运用知识、经验、技能解决问题的综合能力的集合。它包括认识能力和解决问题能力两个方面。

经常参加游泳健身运动能提高脑细胞的工作能力及工作效率。经常参加游泳健身运动一方面可以促进大脑的开发，增强神经系统功能；另一方面，可以使神经系统的兴奋和抑制过程更加集中，对外界刺激的反应更加迅速、准确，还可以提高人的视觉、听觉、感觉、神经传导等神经过程的均衡性和灵活性，增强神经系统功能。现代医学研究表明：人的右脑的信息容量、记忆容量和形象思维能力，都远远超过左脑。运动时，右脑工作占优势，可以使右脑得到充分的锻炼，提高人的记忆力和形象思维能力。

因此，经常参加游泳健身运动对调节大脑皮层的兴奋与抑制，改善大脑对各系统的调节功能，有良好的作用。脑力劳动与体育锻炼相结合，可以使人的大脑保持清醒、精力充沛，对提高智力有促进作用。

4. 游泳健身运动与情感体验

良好、稳定的情感是认识活动的动力，具有很强的感染力和巨大的调节作用。它能使后进者急起直追，使失败者燃起信心，使冷漠者焕发热情，使悲观者勇气倍增。根据学生的心理活动规律来组织教学，结合游泳项目的特点选用恰当的教法，可以使学生在学习和掌握游泳技能的过程中体验乐趣和享受人生的快乐，获得愉快和成功的情感体验。

学生在游泳学习和锻炼中获得愉快和成功的情感体验，培养了学生对游泳健身运动的兴趣和终身体育运动的意识与习惯，这是学生自觉、主动、积极地进行体育学习的重要条件。

5. 游泳健身运动促进意志品质的改善

意志品质是指一个人的果断性、坚韧性、自制力以及顽强、主动独立等精神品质。

因此，游泳可以培养不怕艰险、敢于斗争的精神和吃苦、耐劳、战胜困难的优秀品质。良好的意志品质既是在克服困难的过程中表现出来的，又是在克服困难的过程中培养出来的。

6. 游泳健身运动抵御心理障碍

所谓心理障碍，是由心理活动产生的，由不良刺激引起的心理异常现象，属于暂时性情绪过敏，具有情境性和偶然性的特点。游泳是人们较为喜爱的运动项目，同时也是最受心理因素困扰的运动项目之一。初学者在克服水的阻力和压力的同时，又要利用水的阻力和浮力在水中运动。大多数人会因为对水的特性缺乏了解，由于平衡感受到强烈刺激，而感觉身体虚浮、呼吸困难，导致中枢神经防御性反射，在心理上产生恐惧的心理障碍，因而影响学习的顺利进行，所以学习游泳需要心理上的放松。

在学习游泳的过程中，教师要有目的、有计划、有组织地安排更多辅助性的练习加以诱导，消除初学者的紧张心理。通过循序渐进地学习，使初学者不断克服在水中的不适感，使心理更加放松，以便对游泳技术进行掌握。通过克服游泳学习中的心理障碍，可以使人在面对生活和学习中出现问题时增强自信心，提高解决问题的能力。

（三）游泳健身运动与应激

1. 应激

（1）应激的概念

从心理学角度讲，"应激"就是指当某些事件或者环境刺激作用于人，使人产生紧张、有压力的心理反应和由此带来的一系列身体反应的过程。因此，应激是心理和生理反应的综合。应激既可以对人有利，也可以对人有害。对于应对能力很强的人，巨大的事件也不一定使其形成应激反应；而对于应对能力差的人，即使是件极小的事也可能会使其产生应激反应。所以，不同的人对应激的感受阈值并不相同。

（2）应激源

凡是能引起应激反应的因素皆可成为应激源。可大致分为三大类：

1）外环境物质的因素。如温度的剧变、射线、噪声、强光、电击、低压、低氧、中毒、创伤、感染等。

2）个体的内环境因素。内环境失衡也是一类重要的应激源，比如血液成分的改变、心功能的低下、心律失常、器官功能紊乱性的压抑等。

3）心理社会环境因素。大量事实说明，心理社会因素是现代社会中重要的应激源。职业的竞争、工作的压力、紧张的生活、工作节奏、人际关系的复杂、拥挤、孤独等社会生活事件，皆可能引起应激反应。

在日常生活中，几乎每一个人都会受到某些应激源的作用。只要这种作用不是过分强烈，作用的时间也不是过分地持久，那么所引起的应激将有利于动员机体身心，以便更好地完成必须完成的任务或者更好地避开可能要发生的危险。也就是说，这种应激将使人们能更有效地去应对日常生活中可能遇到的各种各样的困难局面。这种应激反应，显然对机体是有利的，因而有人称之为良性应激。

如果应激源的作用过于强烈或过于持久，那么所引起的应激就属于病理生理学的范畴。许多疾病或病理过程都伴有应激。这些疾病，有其本身的特异性变化，又有应激所引起的一系列非特异的变化，因此应激也就是这些疾病的一个组成部分。由于应激在上述的情况下可以引起病理变化，故有人称之为烈性应激。

2. 游泳健身运动与应激控制

在游泳学习和锻炼的运动过程中会遇到全方位的应激。首先，人体在水中运动，承受技能学习和运动负荷的刺激，而产生强烈的双重应激反应，从而调动体内的机能潜力，产生一系列有利于提高运动能力的生理反应；其次，游泳时的水温都低于体温，刚入水时人体自然会产生应激，抵御寒冷，使皮肤和血管收缩舒张功能得到锻炼；再次，游泳健身运动不仅是对人的生理机能的考验，而且也是对人的意志能力的一种考验。初学者由浅水到深水的转换，由只能游较短距离到游数百米的长距离，都要以最大的意志力来对抗一系列应激反应。

因此，要正确对待应激，充分发挥其有利的一面，尽力减少或消除应激对我们身心的不良影响。

（1）认知训练法

认知训练法主要用于提高游泳者的认知能力，消除他们意识中的消极观念，进而增强自信心。在学习游泳的过程中，游泳者要树立正确、积极的学习态度，把学习游泳作为一个对自身的挑战，认识到自己既掌握了一项自救的技能，也锻炼了身体和意志品质。

（2）肌肉放松训练法

初学游泳的人，往往会因为精神紧张而造成肌肉紧张，不仅容易造成抽筋，而且也不利于技术动作的掌握。采取肌肉放松法可以减轻或消除紧张应激，降低或消除心理紧张、焦虑，从而缓解应激所带来的身心不适感，促使游泳者的心率、血压、呼吸率降低，汗腺分泌减少，肢端温度提高，使心理处于最佳状态，保证水中的安全和习得正确的技术动作。

（3）表象训练法

在学习新的动作后，晚上睡前静躺在床上可进行半小时左右的表象训练。表象正确的动作及做出正确动作时好的感受（包括力量和心情），可以加深好的动作景况。在进行练习前表象完整动作的全过程（以一次最成功的体验作为模式），可以使练习者身心尽快投入到练习中去。

（4）自我反馈法

通过小组学习和练习、经常性地讨论学习和练习的体会，可为自己提出校正性或指令性信息，从而提高在游泳技能学习方面的综合能力。

第二节 游泳运动的原理

一、游泳技术的力学基础

游泳是一项人在水环境中运动的体育项目。水具有压力、密度、黏滞性、难以压缩性和流动性的自然特性，人游进时推动的是水，而不是固体物质，获得的推进力比在陆地上小；水的密度比空气大 800 多倍，身体在水中运动时所受水的阻力比空气阻力大，所以游泳的运动效率比陆上运动要低得多。因此，游泳时要充分利用水的自然特性提高运动效率。

（一）人体在水中平浮的条件

1. 人体在水中沉浮的现象

人体的比重介于 0.96 ~ 1.05 之间。根据人体不同的比重，可分为天然漂浮体、受呼吸制约的漂浮体和天然的下沉体。天然漂浮体指无论是吸气、呼气、胸廓扩张与否均不影响其在水面的漂浮；受呼吸制约的漂浮体则指吸气时胸廓扩张身体才能漂浮，呼气时则下沉；天然的下沉体指不管呼吸与否均下沉。人体浮力对游泳速度影响较大，是选材的重要指标之一。影响人体浮力的因素主要是身体密度、浸水面积和呼吸。身体密度决定于体脂百分比，体脂百分比高则浮力好；反之则浮力差。女子和肥胖者体脂百分比高，身体密度小于水，故浮力较好；而肌肉骨骼发达的青年男性则浮力较差。人体自身的浮力可以通过呼吸和增减浸水面积进行调节。深吸气时胸腔体积扩大，排开的水量增加，所受静水浮力增大；呼气时，胸腔体积缩小，排开的水量减少，所受静水浮力随之减小。浸水面积对浮力的影响是游泳的一个技术问题。从严格意义上讲人体浮力大小是人体完全浸泡在水中的结果，但实际上在游泳过程中，身体不可能完全浸泡在水中，约 1/15 的身体表面是在水面上，加上必要的技术动作如移臂，使部分肢体露出水面，就更加减小了身体的浸水面积。身体质量不变而浸水面积变化也会使浮力发生变化，浸水面积减小则浮力也减小。

2. 人体在水中平衡的条件

人体在水中的平衡取决于重心和浮力中心是否在一条垂直线上。由于身体结构上的原因，身体各部分的密度分布不均匀，身体的质量中心和浮力中心并不在同一点上，这就很难使人体在水中保持水平姿势。当人体成自然姿势平躺于水中时，下肢的密度大于上体，下肢就会下沉，直到重心和浮心位于同一条垂直线上为止。而下肢下沉的速度取决于浮心与重心之间的水平距离，不同的人浮力中心和重心之间的水平距离不同，下肢下沉的速度也不同。为了使身体在水中保持水平姿势，游泳选手可以将手臂置于头前，使重心向浮力中心靠近，使身体在水中平衡。但手臂位置的调整也有其局限性，因为对重心和浮力中心水平距离较大的人来说，还不足以保持身体平衡。为了弥补这一点，就必须依靠打腿保持身体成水平姿势。因此，平衡能力差的游泳选手更需要加强打腿练习，才能保持身体水平姿势。另外，注意使上体保持较低的姿势，也能提高腿部位置。

（二）游泳时的阻力

游泳选手向前游进必须排开水流对身体的挤压并从水中穿过，其结果是破坏了水的层流而产生湍流，从而形成对身体游进的阻力。虽然无法避免湍流的产生，但是可通过改进技术减小湍流的形成。游泳选手要向前游进，只能使所获得的推进力大于游进时所遇到的阻力，所以游进速度在不同动作周期的不同时间里的变化，取决于推进力和阻力相对值的关系。随着游泳速度的提高，水的阻力对运动的影响就更大，增大推进力和减小阻力成为游泳技术的核心。游泳阻力主要有三类：形状阻力、波浪阻力和摩擦阻力。

1. 形状阻力

形状阻力亦称压差阻力、外形姿态阻力或旋涡阻力，是指物体在水中运动时引起物体前后水流的改变，即物体前面是层流，而物体尾部形成湍流或涡流。当流体的流速增加时，流体内部的压强减小（伯努利定律），物体前面压力高于后面的压力，从而形成前后压力差，亦称压差阻力。由于运动物体形状和运动姿势与阻力的大小存在着对应关系，所以也称外形姿态阻力。

2. 波浪阻力

物体在水与空气的共界面上运动时，由于两种流体密度不同，物体运动时破坏了水的平衡，使水向空中涌起，形成了波浪（水面湍流）。人体游进时同样产生波浪，如肩、臀部以及当头和躯干做水平和垂直运动时，就产生波浪。波浪是身体做功的结果，因此，在产生波浪的过程中就消耗了能量。消耗的能量表现为波浪产生，称为波浪阻力。人在游进速度不快时波浪阻力的影响不大，但在高速游进时，运动员头部和肩部前面的波浪就会变得很大，形成弓形波或梯形扩散波，成为运动员快速游进的最大阻力。

3. 摩擦阻力

物体在水中运动时，由于水具有黏滞性的特点，使一部分水黏附在物体表面随物体游进并引起与其相邻层流的摩擦现象。这种状况在层层水流之间连续不断，直到距离物体一定距离后，摩擦作用约束力才消失。物体所受摩擦制动力的总和，称为摩擦阻力。紧贴物体表面，并与其一同游进的水流称为边界层。用力大并不一定会提高速度。游泳速度的提高在于增大推进力并减小阻力，其关键是提高技术效率，而不是要求最大功率值。如蝶泳与蛙泳动作周期中最大速度与最小速度之差的大小是形成动态阻力的主要因素，所以蝶泳和蛙泳速度的提高应着眼于在一个动作周期中尽可能地降低速度下降值，而不是单纯追求最大速度。

（三）游泳的推动力

关于游泳推动力最初的观点认为，推动人体游进的动力是牛顿第三定律，即作用力与反作用力。为了获得水的反作用力，手臂应直线向后划水以产生推动力。随后通过水下摄影发现，运动员手臂划水时，手并不是在身体中线下直接向后划水，而是采用屈臂和伸臂交替，划水路线呈 S 形的方式划水，由此提出了划"静水"的观点，认为水具有流动性的特性，曲线划水是为了划到相对静止的水或流速较慢的水，这比直线向后划流动的水更省力、更有效，同时延长了划水路线。游泳选手在水下的划水动作是由水平和垂直方向的运动构成，这就使得人们对牛顿的作用力与反作用力定律是人类游泳推进力的主要机制产生怀疑。在解释曲线划水产生推进力的过程中，提出了升力推进理论。

20 世纪 90 年代，人们开始在游泳实践中逐渐发觉，解释游泳推进力存在着偏重伯努利定律而忽略了牛顿第三定律的现象。其中，人们忽略了通过手臂对水方向的变化，进行斜向的划水和打、蹬腿动作，以对角线方向用力，同样可使水转向后流、获得有效的反作用力。为了进一步解释游泳推进力中升力推进与阻力推进的关系，研究者进行了多项实验研究，根据实验结果提出了以下观点。

攻角是由手掌与其运动方向所形成的倾斜角度。根据伯努利定律，攻角对增加手的上下方的压差（产生升力）起着重要的作用。然而近十几年来的一些实验研究发现：手掌的形状并不像描述的那样是一个升力面，水从手的上方经过时，由于水流湍急以至于水边界层无法维持原始状态而产生分离现象。边界层分离现象的存在，说明游泳选手的手不能像机翼那样产生升力，手掌表面更容易产生阻力推进。手掌在 40°～90°的攻角下，产生的阻力系数和阻力值都远大于升力系数和升力值；只有在 10°～30°时，升力系数和升力值大于阻力系数和阻力值，而游泳选手实际划水过程攻角的变化在40°～70°之间。这些研究使人们更加深信，牛顿第三定律为人类游泳推进力提供了可靠的解释。

二、游泳运动的生物学基础

（一）游泳时肌肉工作特点

人体骨骼肌包括两种肌纤维，即快肌纤维（FT）和慢肌纤维（ST），快肌纤维又分为 FTa、FTb、FTc 三种。两种肌纤维在人体骨骼肌中的百分比例受遗传影响大（遗传度为 96.5%）。慢肌纤维收缩慢，有较强的有氧供应能力，一般在低强度负荷中被聚集使用，所以慢肌纤维比例高的运动员比较适合长距离游泳项目；而快肌纤维收缩快，但容易疲劳，故而快肌纤维比例高的运动员适合短距离游泳项目。然而这种优势并不显著，运动员通过训练、改进技巧提高比赛能力，更容易取得更大的优势。

不同类型肌纤维的动员取决于动作的用力大小，而不是动作的速度。中枢神经系统根据游速的要求发出不同的冲动频率，动员相应类型的肌纤维参与工作。如中等和中等以下强度时，只需慢肌纤维参与工作、维持运动，此时快肌纤维不参与做功，强度继续加大使快肌纤维参与工作的数量逐步增加，在接近极限负荷前（相当最大摄氧量负荷的80%～85%或极限负荷的70%～75%），主要由FTa型肌纤维参加作业，随后FTb型肌纤维参加作业，极限负荷时所有类型肌纤维参与工作（不是所有肌纤维）。游泳没有达到最大摄氧量之前，FTb型肌纤维不会全面参与工作。

虽然研究证明，训练能使相应的肌纤维增粗和酶活性增强，如短冲训练可提高慢肌纤维的收缩速度及收缩力量，长距离训练可提高快肌纤维的有氧能力，但这只是肌纤维自身能力的适应性提高，而不能增加其数量或转变成另一类型肌纤维。

游泳时通常是几块肌肉协作直接产生力量，并且还包括许多对固定身体有间接作用的其他肌肉，因此神经系统在协调参与工作的肌群上起着极为重要的作用，神经调节的改善是决定肌肉力量大小的生理因素，使参与工作的肌群更加协调，能够动员更多的肌纤维参与工作。游泳主要是上肢用力，而下肢参与了打（蹬）腿、出发登台和转身蹬壁的用力。游泳划水动作的肌肉是克制性的动力工作，划水各阶段肌肉用力的大小却相差不大，动作速度的变化也不明显。由于人体是在一个流动的环境里进行运动的，腰腹力量能够使运动员在水中保持好的流线性，减小阻力，使技术的发挥更为有效，同时也有利于防止伤病。

虽然力量是决定游泳成绩的重要因素，但力量强劲本身并不意味着会有较快的游泳速度，肌肉力量必须有效地在水中应用才能产生较强的推进力。因此，在游泳专项力量训练中，应紧密结合专项技术特征和运动特征选择和设计练习手段与方法，提高力量的转化效率，这时力量才能成为决定成绩的关键因素。

（二）游泳的功能特点

ATP（三磷酸腺苷）是肌肉工作的直接能源，由于肌肉中ATP储存不多，仅能维持十余秒的运动时间，这对于游泳运动员来说，只能供全力游25米左右，因此仅靠肌肉中的ATP是不能维持持续运动的，这就需要重新合成ATP供给肌肉运动。合成ATP有两大系统三个途径，即有氧供能系统和无氧供能系统，其中无氧供能系统又分糖酵解供能和磷酸肌酸供能。运动时动用什么供能系统取决于运动强度，不同运动强度（或运动距离）所依赖的主要供能途径不同。

有关研究发现，训练后肌糖原含量明显低于训练前水平，而这正是运动员训练后产生疲劳的关键方面，如果从训练开始尽早获取葡萄糖，对于机体糖原的再合成是很关键、也是最有效的。

耐力项目最主要的功能是有氧功能，需要机体具备较强的向肌肉运送氧的能力。由于机体几乎不能储存氧，血液流经肺时吸收的氧可以看作有氧代谢所消耗氧的直接反映，通常最大摄氧量被看作是测量心肺耐力和有氧能力的最佳指标，因为它代表了心血管系统的最大能力和有氧系统供能潜力，可以通过测定摄氧量来精确估计有氧代谢的速率。

游泳机能的提高可以减少能量的消耗，主要是通过减小阻力、提高技术效率实现的，所以说游泳运动员的成绩受技术影响程度超过了摄氧量。研究发现，以相同速度游四种泳式，其能量消耗不同，蛙泳的耗能量最大，爬泳最省。这一特征成为各泳式训练的基本特点，也是设计训练中各泳式训练分量等的重要依据。

心血管系统功能增强的一个明显特征是定量运动的节省化，体现在心率降低。呼吸功能的增强加快了气体交换率，运动时需氧量的增加可以通过增加流经肌肉的血液量来满足。氧的运输和摄取取决于血液的氧含量、血流量和局部肌肉的环境。在以最大强度游泳时，以上这些因素都可能限制运输，使肌肉难以达到正常有氧代谢的条件。游泳与跑、速度滑冰等陆上运动相比，相同距离运动的能耗大 4 倍左右，但无氧供能的比例却远低于陆上运动，说明游泳竞赛更加依赖有氧供能，提高运动员有氧供能能力在游泳训练中具有重要意义。

三、合理游泳技术的基本要求

技术是转换体能为运动效率的唯一途径，所以有人认为游泳是一项以技术驱动为主的运动项目。游泳技术的明显特点表现在既要符合人的生理和解剖特点，又要遵循水中运动的规律、充分发挥和利用人体运动潜力，而后者是游泳技术的核心。

（一）游泳技术术语

技术动作术语是技术的专业名称，是评定技术的标准术语。游泳技术术语标准化，有利于教学训练和科研规范与标准统一，有利于相互比较和评价。

1. 动作周期

动作周期是指一次完整的臂腿配合所做的动作的全过程，亦可指做一次臂或一次腿完整动作所需要的时间。不断重复一个动作周期的运动称为周期性运动，游泳属于周期性运动项目。

2. 动作节奏

动作节奏是指游泳时每一个动作周期内各技术组成部分的动作速度与时间的比例关系。动作节奏是评定技术的重要指标，是运动员个人技术风格的具体体现。

3. 动作次数

动作次数是指游完一定的距离所用动作的周期次数，亦称划水动作次数或划步。一定的划水次数反映了划水的效果，与划水距离直接相关。如 50 米用了 20 个动作周期，实质上也反映了每一次划水身体位移的距离为 2.5 米（划步、划距）。

划水距离的计算公式如下：

划水距离 = 游进距离（除出发和转身距离）/ 动作次数

但有一点值得注意，陆上周期性运动动作幅度与移动距离是一致的，可是水上运动有很大的区别，在大多数情况下，划水的动作幅度不能与身体的游进距离等同。

4. 出发时间

出发时间是指出发信号发出后，运动员出发到达 15 米（也有采用 10 米）处所用的时间，包括出发反应时间、出发动作时间、腾空时间和水下滑行时间。出发时间是游泳比赛成绩的组成部分，是比赛全程技术的重要环节，其重要程度与比赛距离成反比，即距离越短出发越重要，距离越长其重要性越低。这也是评定运动员比赛技术的重要指标之一。

5. 转身时间

转身时间是指运动员从转身前 7.5 米（也有采用 5 米）到转身后 7.5 米处所用的时间，包括游近池壁和转身后的滑行。转身时间是评定运动员比赛技术的重要指标之一，是游泳比赛成绩的重要组成部分，是全程比赛技术的重要环节。转身时间对短池比赛和中长距离项目比赛成绩影响较大。

（二）游泳技术要素

游泳技术最根本的问题是减小阻力，增大推进力。因此合理的游泳技术必须符合流体力学原理，有效利用水的自然特性；必须符合生理和解剖学特征，发挥机体潜能；还必须符合游泳比赛规则的要求，这样才能提高游泳技术和游进速度。

1. 高而平的流线型身体姿势

躯干是形成游进阻力的主要部位，不同的身体姿势阻力值不同。为了减小阻力，在游进时保持高而平的流线型身体姿势极为重要。良好的身体姿势取决于运动员在游进中保持身体姿势的能力，它受两方面因素的影响：其一是控制身体姿势的能力。如爬泳和仰泳身体同纵轴的滚动和移臂动作都应防止身体的侧向摆动。爬泳眼看池底和仰泳目视正上方的头部动作，有利于保持高平直的身体姿势和位置。蝶泳的小波浪动作、波浪式或平式蛙泳的技术都力求减小游进阻力。其二是浮力和速度。浮力好，身体位置就高；速度快，也能使身体位置升高。所以在游进过程中应尽可能地减少因技术动作而造成的浮力损失，减小游进阻力，增大推进力。

2. 协调而有节奏的动作

不同的泳式动作周期内部的速度都有其自身的规律，又在一定程度上体现了运动员个人的技术风格。合理的动作节奏可以节省体能，调节大脑兴奋程度与抑制可使肌肉收缩与放松活动更加协调，并可获得动作的附加效果。游泳动作的协调和有节奏，是运动员自身协调能力和节奏感的具体表现，综合反映了运动员个体对技术动作的理解和控制能力，这种能力不仅体现在技术各部分配合的细节上，更突出地体现在运动员身体各部分动作协调一致的整体动作效果上。如爬泳和仰泳两臂动作与身体滚动动作和打腿动作的自然连贯配合、蛙泳和蝶泳臂与腿及躯干动作的配合节奏等，都说明身体整体动作的协调能帮助提高游泳的效率。

3. 高肘屈臂划水

手臂划水是游泳产生推进力最主要的来源。在手臂划水过程中，手掌处于重要的位置，因此手掌的形状影响划水效果。研究表明，在不同的手掌形状中，手指自然并拢或少分的手掌形状所受阻力最大。屈臂高肘划水技术已为游泳界所共识，屈臂高肘动作是在手臂入水后通过屈腕、屈肘逐步形成的，其中前臂内旋和"肘关节前顶"动作对手臂形成高肘姿势尤为重要。屈臂高肘划水不仅增加了手臂划水的挡水面，动员更多的肩带肌群参与划水，延长了有效划水路线，增加了划水动量，更重要的是在整个划水过程中手臂各环节的协调运动使各环节依次达到最大速度，降低了手臂划水过程的负荷，能够以更省力轻松的方式划水。

4. 曲线划水

曲线划水是现代游泳技术特点之一。由于运动介质——水具有难以压缩和流动性的特性，使游泳推进力的产生与陆上运动有较大的区别，游泳推进力大小取决于划水轨迹的倾斜度以及手的水平运动速度。为了获得有效的"流体反作用力"，手臂划水过程就必须不断改变方向和调整划水角度，这一过程不仅吻合肩带肌群的肌拉力线方向，使更多的肌群参与手臂划水活动，增强划水的肌肉力量，而且也使身体向前冲量的持续时间增加，把更多的水向后推，有效地改善了划水效果。有关研究发现，在水下的推进力阶段，优秀运动员多采用沿对角线方向划水，并以50°～70°的攻角保持手臂向后的最大对水面，使阻力推进力的效力达到最大化。因此，有关专家认为，曲线划水轨迹是运动员手臂在划水过程中，屈臂、伸臂、入水、出水和身体滚动等系列整体运动的结果。由于运动员个体身体形态、技术风格和水感上存在差异，导致划水轨迹和手的划水角度并不完全相同。然而，从整个划水周期看，划水路线的变化应满足两个条件：一是尽可能获得最大的"流体反作用力"，即在划水过程中，通过手臂改变划水方向支撑住更多的水，并将其向后推；二是必须避免使获得的"流体反作用力"所产生的有效力明显偏离游进方向，从而提高有效推进力占比。

5. 加速划水

从阻力与速度的平方成正比关系来看，划水应该是加速进行才有利于增大推进力，但在实际划水过程中，手臂划水并不是逐渐加速，这主要是受划水方向和攻角变化的影响。由于手臂划水路线是呈三维曲线，所以划水速度不仅体现在向后、向侧、向上、向下方向上，而且还反映在划水角度变化上，每当划水方向改变和角度变化时，划水速度也有节奏地加快或减慢。在实际测量中，游泳运动员手掌是有节奏地加速、减速，然后再加速划水，最后阶段划水速度最快，所以划水速度从整个划水过程上看是呈加速趋势。划水速度快慢与身体游进速度快慢的关系十分密切，在以最大速度游泳时，手相对于水流的绝对速度可达到3～4米/秒，但身体游进的最快速度却只有2米左右，说明划水速度快慢应建立在有效推进力的基础上。如果划水速度快慢与身体游进速度的快慢不成规律地变化，说明划水效果不好，划水速度也就没有实际意义。缩小划水速度与身体游进速度的差距，其根本的途径是不断改进技术，提高技术效率。

6. 适宜的划频与划步

游速取决于划频和划步，就游泳而言，划水效果是关键。对于每一位运动员来说，应寻求两者的最优比率。从理论上分析，划频和划步的比率不同都能获得相同的游速，但过高的划频不仅会导致划步的损失，而且易使肌肉产生疲劳；而低划频、高划步的比率，也使手臂在每次划水中不得不过度用力而降低工作能力。运动员应通过训练，并依赖个体神经系统和肌纤维组成特征，建立个体"适合的"且相对稳定的划水频率，为不断提高划步奠定基础。而划步的提高依赖于技术、体能和个体的"水感"，因此每位运动员都应有自己最合适的动作频率，而这恰恰是建立在自己最有效的划水效果基础之上的。

第四章　游泳健身的分类

第一节　蛙泳

一、蛙泳技术分析

（一）身体姿势

蛙泳的身体姿势不是固定不变的，而是随着臂、腿及呼吸动作的周期性变化而不断变化的。在一个动作周期中，两臂前伸、两腿向后蹬直并拢时，身体是几乎水平地俯卧于水中，头部夹在两臂之间，两眼注视前下方，腹部与大、小腿位于同一水平面上，臀部接近水面，身体纵轴与水平面呈5°～10°角。这种身体姿势，可以减小游进时水的阻力。要做到这一点，要求胸部自然伸展，稍收腹，微塌腰，两腿并拢，脚尖伸直，两臂并拢尽量前伸，全身拉伸成一直线。

在游进过程中，身体会按一定的节奏上下起伏。在划水和抬头吸气时，上体会向前上方抬起，肩和背部的一部分上升露出水面，此时躯干与水平面的角度较大。当两臂前伸、两腿向后蹬夹时，随着头的动作，肩部又重新浸入水中，身体恢复为较平直的流线型姿势向前滑行。

对于初学蛙泳者，不宜过分追求在划水和吸气时拉高身体的目的。因为抬头过高或过分挺胸，会造成下肢下沉，迎角增大，使身体在前进方向上的投影截面增大，从而增大游进时的阻力。

（二）腿部技术

蛙泳的腿部动作是保持身体平衡、推动身体前进的一个重要因素。尽管现代蛙泳技术强调以臂为主，但腿部动作的作用同样不容忽视。对于初学者来说更要强调掌握好腿部技术。蛙泳腿部技术可以分为收腿、翻脚、蹬夹、滑行4个紧密相连的动作环节。

1. 收腿

收腿是翻脚、蹬夹的准备动作，是从身体伸直成流线型向前滑行的姿势开始的。收腿时，腿部肌肉略为放松，大腿自然下沉，两膝开始弯曲并逐渐分开，小腿和脚跟在大腿后面向前运动。收腿时，踝关节放松，脚底基本朝上，脚跟向上、向前移动，向臀部靠拢，两腿边收边分开。两小腿和两脚在前收的过程中要落在大腿的投影截面内，以避开迎面水流，减小收腿的阻力。收腿动作应柔和，不宜太用力。在收腿的过程中臀部略下降。收腿结束时，两膝内侧的距离约同肩宽；大腿与躯干呈 130°～140° 角，大、小腿折叠紧，小腿与水面接近垂直，为翻脚和蹬夹做好准备。

当前，许多优秀运动员收腿时大腿的动作幅度变小，收腿结束时大腿与躯干的夹角增大至 150°，小腿更加靠近臀部。这种技术收腿的动作较快，有利于加快动作频率，同时有利于减小收腿时的水阻力。

2. 翻脚

翻脚动作的目的在于使腿在蹬夹时有一个良好的对水面。在蛙泳技术中，翻脚动作很重要，翻脚的动作直接影响蹬夹的效果。

当收腿使脚跟接近臀部时，大腿内旋，两膝稍内扣，小腿向外张开，两脚背屈使脚掌勾紧向外翻开，脚尖转向两侧，使小腿和脚的内侧面向后，形成良好的对水面，为蹬夹动作做好准备。

翻脚实际上是收腿的结束动作和蹬夹的开始动作。在收腿接近完成时就开始翻脚，翻脚快完成时就开始蹬夹，在蹬夹的开始阶段继续完成翻脚。收、翻、蹬夹三个动作紧紧相连，一环扣一环，形成一个连贯圆滑的鞭状动作。

3. 蹬夹

蹬夹动作是推动身体前进的重要动力来源。蹬夹动作的推进效果主要取决于蹬夹时腿的运动方向、对水面的大小及运动速度。

蹬夹动作在翻脚即将完成时就已开始。由于翻脚动作的惯性，脚在后蹬的开始阶段继续向外运动，完成充分的翻脚。随后，由腰腹和大腿同时发力，依次伸展下肢各关节，两脚转为向后、向内运动并稍下压，直至两腿蹬直并拢，完成弧形的鞭状蹬夹。可以看出蹬夹动作是"蹬"与"夹"的结合，两腿是边后蹬边内夹，当两腿蹬直时两膝也已并拢了，既不是完全向后蹬，也不是向外蹬直了再内夹腿。

蹬夹时，下肢各关节的伸展顺序是保持最大对水面积的决定因素。正确的顺序是：先伸髋关节，后伸膝关节，最后伸踝关节，直至两腿伸直并拢。蹬夹开始时，主要是大腿向后运动，膝关节不宜过早伸展，以使小腿尽量保持垂直的有利姿势，避免出现小腿向下打水的错误动作。在蹬夹过程最后的鞭水动作。如果先伸踝关节，则会破坏翻脚所形成的良好对水面，形成用脚尖蹬水的错误。

升力和阻力都与速度的平方成正比，蹬夹动作的速度越快，产生的推进力就越大。因此，蹬夹时要充分利用腿部肌肉的力量，逐渐加速。蹬夹开始时，动作应比较柔和，而最后伸直小腿和脚掌的动作则要快速有力。

4. 滑行

蹬夹结束后，腿处于较低的位置，脚距离水面为 30～40 厘米。此时两腿伸直并拢，腰、腹、臀及腿部的肌肉保持适度紧绷，使身体呈流线型向前滑行，准备开始下一个腿部动作周期滑行，要注意保持两腿较高的位置，减少滑行时的阻力。

（三）臂部技术

蛙泳的手臂动作是推动身体前进的重要因素，现代蛙泳特别重视发挥手臂划水的作用。游蛙泳时，整个手臂动作都是在水下完成。对于游泳者自身来说，手的划水路线近似于两个相对的"桃心形"，即两手从"桃心"的尖顶开始，不停顿地划动一周再回到尖顶。为便于分析，把蛙泳的一个划水动作分为外划、下划、内划、前伸 4 个紧紧相连的动作阶段。

1. 外划

外划是从两臂前伸并拢、掌心向下的滑行姿势开始的。外划时两臂内旋，两手掌心转向外斜下方，略屈腕，两臂向外横向划动至两手间距离约为两倍肩宽处。外划的动作速度较慢。

2. 下划

手臂在继续外划的同时，前臂稍外旋，肘关节开始弯曲，转腕使掌心转为朝后下方，以肘关节为轴，手和前臂加速向下、向后划动。在下划的过程中，手和前臂的运动速度快，幅度大，而上臂的移动不多，前臂与上臂之间的夹角迅速缩小。下划结束时，肘关节明显高于手和前臂，手和前臂接近垂直于游进方向，肘关节约屈成呈 130° 角。

3. 内划

内划是手臂划水产生推进力的主要阶段。随着下划的结束，掌心迅速转向内后方，手臂加速由外向内并稍向后横向划动，屈肘程度进一步加大，肘关节也同时向下、向后、向内收夹至胸部侧下方。两手划至胸前时几乎靠在一起。

4. 前伸

当内划接近完成时，两手在继续向内、向上划动的过程中逐渐转为向上、向前做弧形运动至颌下。此时两手靠拢，两掌心逐渐转向下，手指朝前。接着，肘关节不停顿地沿平滑的弧线前移，两手贴近水面向前伸出。与此同时迅速低头，将头夹于两臂之间。伸臂动作完成时，两臂伸直并拢，充分伸肩，两手掌心向下，呈良好的流线型向前滑行。

实际上，蛙泳时手相对于静止的水的运动轨迹是一条复杂的三维曲线。手在划水时并没大幅度地向后运动，而主要表现为明显的横向和上下方向的运动，好像是手握着一个固定的把手将身体拉引向前。

蛙泳臂划水动作的各个阶段是紧密地连接在一起的，整个动作要连贯流畅，由慢到快，加速进行。对于初学者来说，尤其应注意在内划结束转前伸时，手臂不能停顿。

（四）完整配合技术

蛙泳是臂、腿交替做动作推动身体前进的，其配合技术比较复杂，是学习蛙泳的一个难点。配合不协调，会直接影响臂、腿的动作效果和游进速度的均匀性。正常蛙泳一般采用1∶1∶1的配合技术，即在一个完整动作周期中，蹬夹1次，划臂1次，呼吸1次。配合游泳时应在充分发挥臂、腿力量的基础上，努力做到协调、连贯、有节奏，尽量保持匀速前进。

1. 呼吸与臂的配合

蛙泳的呼吸是和手臂的划水动作紧紧结合在一起的，主要有"早吸气"和"晚吸气"两种类型。

（1）早吸气配合技术。两臂开始外划时，颈后肌收缩，开始向上抬头，下颌前伸，使口露出水面将气吐尽；在两臂下划和内划的过程中吸气；两臂前伸时低头闭气；滑行时在水中呼气。这种呼吸方式利用了划水开始阶段手臂向外、向下划动所产生的向上的反作用力，使头部比较容易抬出水面，整个呼气和吸气的时间较长，动作比较从容。早吸气配合技术比较适合初学者采用。

（2）晚吸气配合技术。晚吸气配合技术没有明显的抬头和前伸下颌的动作。在两臂外划和下划时，身体仍保持较平直的流线型姿势；在两臂内划的过程中，随着头、肩的上升，口露出水面将气吐尽；内划结束，头、肩向前上方升至最高位置时快速吸气；两臂前伸时迅速低头闭气；滑行时向水中呼气。这种呼吸方式有利于减小水的阻力，同时有利于更好地发挥手臂划水的力量，使动作紧凑连贯，前进速度均匀。运动水平较高者一般都采用晚吸气配合技术，但晚吸气配合技术的吸气时间较短，初学者不容易掌握。

2. 臂与腿的配合

蛙泳臂和腿的配合是一种交替进行、稍有重叠的技术。两臂外划和下划时，两腿保持稍紧绷的伸直姿势；两臂内划时，两腿放松，两膝下沉，开始收腿；两臂开始前伸时，迅速完成收腿并做好翻脚动作；两臂接近伸直时，开始向后快速蹬夹；蹬夹结束后，全身伸直呈良好的流线型向前滑行。

目前，优秀蛙泳运动员在距离较短的比赛中，一般都不做或只做很短的滑行。蹬夹动作刚结束，两臂就紧接着开始外划，甚至在两腿的蹬夹动作尚未结束时，两臂就已开始外划，当蹬夹结束时两臂正好开始做下划的动作。这种配合技术，动作紧凑连贯，频率高，臂、腿动作产生的推进力紧密衔接，动作周期间的减速不明显，因而游进速度均匀，有利于提高运动成绩。

但对初学者来说，蹬夹后的滑行具有重要的作用。只有在滑行的从容游进中，才能掌握配合技术的要领，形成正确的动作节奏。初学者可以经常做长滑行、计动作次数的游进练习来改善自己臂、腿动作的效果。

二、蛙泳技术练习方法

（一）身体姿势练习方法

1. 滑行

练习目的：练习和掌握蛙泳开始和结束时的身体姿势。

练习方法：滑行，使身体俯卧在水面，两臂前伸，双腿并紧，保持水平的身体姿势。

2. 身体位置练习

练习目的：在蹬腿的推进力阶段保持身体的流线型。

练习方法：蛙泳开始后，双臂前伸，只蹬腿保证身体前行。蹬腿推动同时低头，保持身体流线型姿势。

3. 抬头流线型练习

练习目的：通过此练习，掌握蛙泳。抬头吸气时，保持身体流线型姿势，减小蛙泳过程中因抬头造成身体姿势改变引起的阻力。

练习方法：两臂前伸，尽量保持上体的流线型，靠蹬腿推动身体在水中前进。

注意：蹬腿时，头的位置应该在水面下和水面上各一半。

（二）腿部动作练习

1. 陆上模仿练习

（1）跪撑翻脚压腿。两脚分开跪于垫上，两膝间的距离同肩宽，勾脚，脚尖朝外，小腿和脚的内侧贴地，两手后撑，慢慢振压。这一练习可以增加膝关节、踝关节的柔韧性，帮助学生体会正确的翻脚姿势。

（2）俯卧模仿蹬夹。俯卧凳上或出发台上，模仿蛙泳腿的收、翻、蹬夹动作。可由教师或同伴站在后面抓住练习者的双脚，帮助练习者体会收腿路线、翻脚姿势和蹬夹路线。

（3）仰坐模仿蹬夹。坐池边，上体后仰，两手后撑，模仿蛙泳腿的收、翻、蹬夹动作，尤其注意做好翻脚。先分解后连贯。

（4）站立模仿蹬夹。陆上原地站立，一腿支撑，另一腿模仿蛙泳腿的收、翻、蹬夹动作。注意蹬夹时尽可能保持小腿和脚的内侧面朝下，往另一腿站立地面处下压。先按三拍做分解的收、翻、蹬动作，初步体会动作后，连贯进行。

2. 水中练习

（1）站立蹬夹。手扶池壁站立水中，一腿支撑，另一腿做上下方向的蛙泳收、翻、蹬夹动作。注意蹬夹时大腿内旋膝内扣，大腿先下压，带动小腿和脚往下弧形蹬夹水。这一练习主要帮助学生体会蹬夹时水对小腿和脚的阻力。

（2）扶边蹬夹。一手握池槽，另一手手指朝下在水下撑住池壁，身体俯卧水中，做蛙泳腿的收、翻、蹬夹动作。可由教师或同伴站在后面握住练习者的双脚，帮助体会和纠正动作，注意限制两膝的宽度，使翻脚时足背屈、脚尖摆向两侧，小腿和脚的内侧面向后对水。

（3）反蛙泳蹬夹。仰卧水中，反臂抓住池边水槽，做反蛙泳的收、翻、蹬夹动作。注意不要使两膝露出水面。

（4）滑行蹬夹。蹬边滑行后继续低头闭气，做蛙泳腿的动作向前游进，体会连续的收、翻、蹬的动作。要强调蹬夹后的滑行，可以采用规定距离内计动作次数的方法来鼓励学生不断改进动作，提高蹬夹效果。

（5）扶板蹬夹。俯卧水中，两臂前伸，两手扶在打水板的两侧，做蛙泳的腿部动作向前游进。可结合呼吸动作，逐渐增加练习距离。

（6）脚触手蹬夹。俯卧水中，低头闭气，两臂夹于体侧，做蛙泳腿的动作向前游进。要求收腿时两脚跟触到两手后再做翻脚和蹬夹动作。这一练习可以帮助学生体会收腿时两脚跟尽量靠近臀部的动作，有利于增长蹬夹路线，提高蹬夹效果。

（三）臂部技术与呼吸配合技术练习

1. 陆上原地模仿练习

陆上两脚开立，上体稍前倾，模仿蛙泳两臂划水的动作，着重体会"桃心形"划水路线和屈臂高肘技术。要求划臂过程圆滑，前伸后稍停，然后再开始下一个动作。

2. 水中练习

（1）原地划臂。两脚开立站在齐胸深的水中，上体略前倾，做蛙泳两臂划水的动作，体会屈臂高肘技术和"桃心型"划水路线。要求动作连贯圆滑，两臂前伸并拢后稍停。可配上呼吸动作。

（2）行进间划臂。在齐胸深的水中，上体略前倾，做蛙泳两臂划水和呼吸的配合动作，借助划水所产生的反作用力向前行进。

（3）托扶划臂。两人一组，帮助者站在侧面托住练习者的髋部，练习者俯卧水中，做蛙泳两臂划水和呼吸的配合动作，注意在两臂外划的过程中借助水的反作用力顺势抬头，两臂下划和内划时快速吸气，两臂前伸时低头闭气，两臂前伸后再均匀缓慢地呼气。

（4）夹板划臂。俯卧水中，大腿夹打水板使下肢上浮，做蛙泳两臂的划水动作向前游进。可闭气练习或配合呼吸，体会划水时身体被拉引向前的感觉。要求由慢到快加速划水，每次划水后手臂前伸并拢稍滑行，待身体稳定下来后再开始下一次划水动作。

蛙泳时臂、腿结合技术口诀：外划腿不动，内划始收腿；前伸翻好脚，加速蹬夹腿；臂腿都并拢，放松漂一会儿。

（四）完整配合技术练习

1. 陆上站立模仿练习

原地站立，两臂上举并拢，掌心向前。先按四拍做两臂和单腿配合的蛙泳模仿动作：①两臂向侧下分开划动，腿不动。②两臂向内划至胸前，一腿屈膝上提做收腿和翻脚动作。③两臂向上伸直。④腿向下呈弧形蹬夹，还原成预备姿势，逐渐过渡到连贯进行。

2. 水中练习

（1）臂、腿分解配合游。蹬壁滑行后继续低头闭气，做蛙泳臂、腿分开的动作向前游进。两臂做一次划水动作前伸并拢后，两腿再做一次收、翻、蹬夹动作。臂、腿交替进行，建立先伸臂再蹬夹的动作概念。

（2）臂、腿连贯配合游。蹬壁滑行后继续低头闭气，做臂、腿连贯配合的蛙泳动作向前游进，着重体会臂、腿动作配合的正确时机。

（3）完整配合游。在臂、腿连贯配合蛙泳的基础上，加上抬头吸气的动作，形成完整配合技术。注意划水动作不要太快，抬头动作不要太猛。可先练臂、腿配合两次，呼吸一次的动作；然后过渡到臂、腿配合一次，呼吸一次的正常蛙泳。在动作基本正确的基础上，逐步增长游距，在反复的练习中不断改进动作，力求做到熟练、放松。

第二节　爬泳

一、爬泳技术分析

（一）身体姿势

爬泳时，身体几乎水平地俯卧水中，躯干肌适度紧张，身体自然伸展成流线型，身体纵轴与水平面呈3°～5°的迎角。头部保持自然稍后屈的姿势，水面齐发际，两眼注视前下方。

爬泳时，要注意避免过于挺胸抬头或含胸低头。过于挺胸抬头会出现背弓，造成臀部和下肢下沉，使身体在游进方向上的截面增大，从而使游进阻力增大，而含胸低头则会使头、肩过于沉入水中，不仅容易造成屈髋打腿，增加转头吸气的困难，而且破坏了身体的流线型，影响游进速度。

在游进中，由于划臂、打腿和转头吸气的需要，身体会围绕纵轴有节奏地左右转动。转动的角度（即两肩横轴与水平面的夹角）为35°～45°。向非吸气侧的转动比向吸气侧的转动少10°～15°。身体绕纵轴的合理转动有以下几方面的作用：

（1）有利于完成手臂的出水和空中移臂动作，缩短移臂的转动半径，减少移臂动作造成的身体侧向摆动。

（2）有利于另一臂在水下更有效地划水，使手臂的划水路线比较靠近沿身体纵轴的纵切面。

（3）有利于完成转头吸气动作。

（4）由于臀部随身体的转动所产生的轻微侧向打腿动作抵消了移臂时身体侧向摆动的趋势，有利于维持身体的平衡，使身体保持流线型。

爬泳的打腿动作不仅能抬高下肢位置，维系身体平衡，使身体保持流线型以减小游进阻力，还能起到配合两臂协调用力的作用。此外，打腿动作还能供应一定的推进力。实践证明，如果打腿技术不好或完全拖在后面不动，就不容易维持身体平衡，容易造成腿部下沉或侧向偏离，产生大的阻力，影响游进速度。

爬泳的打腿是两腿交替进行的，以髋、膝、踝三个关节为支点的多关节运动，即以髋关节为轴，大腿发力，通过膝关节带动小腿和脚掌上下鞭状打水。踝关节的灵活性对打腿动作的实效有很大的影响。打腿时，腿要稍内旋，踝关节要自然放松，脚掌伸直并略内转，使脚背形成良好的对水面的压力。

爬泳的打腿基本上是在纵切面上绕横轴进行的，左右两腿的动作一样，由向上打水和向下打水两个阶段组成。

1.向上打水

向上打水开始时，大腿带动小腿和脚直膝上抬，踝关节自然放松。当脚跟抬到与臀部基本处于同一水平面时，大腿停止上移而转为开始向下运动，但小腿和脚由于惯性作用而继续上移。向上打水结束时，脚跟接近水面，膝关节弯曲形成约160°角。

2.向下打水

随着屈髋程度的加大，大腿继续发力下压，带动小腿和脚掌向下打水，膝关节逐渐伸直。此时，水的阻力使踝关节跖屈、脚掌内转，形成一个良好的对水面。当大腿下压至膝关节略低于髋部水平时，即停止下移而转为上抬，此时股四头肌用力收缩，使膝关节迅速伸直，小腿和脚继续向下加速运动，完成最后的鞭打动作。向下打水结束时，脚离水面30～35厘米。接着大腿又带动小腿和脚直膝上抬，开始下一个打腿动作周期。

打腿的幅度，即两脚尖在上下方向的垂直距离，为30～40厘米。打腿时，大腿的上抬和下压应始终领先于小腿和脚的下抬和下打，这是做好鞭状动作的关键。无论是快打腿还是慢打腿，直腿上抬和屈膝下鞭的动作都要有鲜明的节奏。

在打腿的一个动作周期中，向上打水阶段水的反作用力朝下，向下打水的后段水的反作用力朝上，此时的腿部动作基本上不起推进作用。但在向下打水的开始阶段，脚的运动方向基本向下，再加上脚掌平面与脚运动方向形成约40°的迎角，可以产生较大的打腿升力Z，起到一定的推进作用。因为只在向下打水的开始阶段推进效果较好，故打腿动作不宜太深。

（二）臂部技术

爬泳两臂的划水是推动身体前进的主要动力。爬泳臂的一个划水周期可以分为入水、划水（抓水、拉水、推水）、出水和空中移臂等几个动作阶段。

1. 入水

手臂入水时，手指自然伸直并拢，臂稍内旋，肘关节微屈并高于手，掌心朝外向斜下方，使手掌与水平面呈 30°～40° 角，以拇指领先斜插切入水中。手的入水点在头前身体中线与同侧肩的延长线（通过肩关节与身体纵轴平行的直线）之间。臂入水的顺序是手——前臂——上臂。这样入水可以减小水对手臂的阻力，并为后面的抓水创造有利条件。

不正确的入水动作对游进速度有很大的影响。入水时，如果屈腕勾手，则会增大手的入水截面，造成掌背正对迎面水流，使阻力加大。入水点若超过身体中线，则手臂开始划水时所产生的反作用力会造成身体侧向摆动，破坏身体的流线型。入水点若过于偏外，则会缩短划水路线，降低划水动作的实效。入水点若太近，则手臂在水下前伸的距离势必增长，会加大阻力而降低游进速度。此外，入水动作过猛、直臂拍水等，都会造成身体不必要的上下起伏，增大波浪阻力。

2. 划水

是指手臂从入水结束到提肘出水前在水下的整个动作过程，可划分为抓水、拉水、推水三个阶段。对于游泳者自身来说，爬泳时手在水下的划水路线是一条略微弯曲的"S"形。

（1）抓水。手入水后，手腕自然伸直，掌心转向下，手臂在水面下积极前伸，充分拉开肩带肌肉以延长划水距离，当手臂接近完全伸直时，手腕向下弯曲，同时开始屈肘，形成肘关节高于前臂和手的姿势，好像是伸臂去抱住一个圆桶，将自己的身体拉引向前。抓水完成时，上臂与水平面约呈 20° 角，肘关节屈呈约 160° 角。

手臂入水后强有力地抓水动作，不仅能起一定的推进作用，更重要的是使手和前臂以较大的截面对水，为后面的拉水和推水创造有利条件。但在整个划水动作周期中，它又是相对放松和较慢的部分。做抓水动作时，应避免手过快地滑下或向外滑开。

（2）拉水。拉水是指手臂从抓水结束处划至肩的横切面这一阶段。拉水应紧接着抓水进行，中间不能停顿。根据拉水时手臂的主要运动方向，又可以把拉水分为"下划"和"内划"两个紧密相连的环节。

"下划"开始时，手臂继续向下并稍向外划动，手掌稍内旋对着后下方肘关节继续弯曲，使手和前臂逐步加速向下划动。在这一阶段，手主要向下运动，不要过分强调外划。实际上，手的外划是同侧肩向下转动而自然形成的。

当手向下划至最低点时即转为"内划"，掌心转为朝着内后方，手从肩的垂直面外侧向内、向上、向后加速划至胸部下方接近或略超过身体中线处，肘关节弯曲至

90°～120°角。

（3）推水。当手臂拉水至肩下时，即转入推水阶段。推水应紧接着拉水进行，中间不能停止。推水的前半部分，掌心转为朝外后方，手掌几乎直接由胸下向腰下划动。这一段的划水，上臂向后移动的速度比前臂和手掌快，肘关节边向后边向体侧靠近，使前臂和手掌基本保持垂直向后的有利姿势。当手划过髋部时，肘关节迅速伸展，腕关节稍放松，手掌与前呈200°～220°角，掌心转为朝外上后方，手掌保持着良好的对水面，加速向外、向上并向后划动，直至划近大腿侧下方。

推水是划水全程中发挥力量最大、推进效果最好的阶段。这一阶段，应注意避免直接向后或直接向上划水的错误。手掌若直接向后划水会使划水路线缩短，无法利用到划水升力，从而降低推进作用。手掌若在推水的后半段直接向上朝水面划水，水的反作用力会使臀部下沉，加大身体的上下起伏，增加水的阻力，降低游进速度。

在一个完整的划水过程中，手臂在肩前、肩后的动作形式是相反的。拉水时，手臂外旋，肘关节逐渐弯曲，手和前臂的运动领先于上臂；推水时，手臂内旋，肘关节逐渐伸展，上臂的运动领先于手和前臂。从抓水、拉水到推水，要连贯进行，逐渐加速，中间不能停顿，在推水接近结束时手要达到最高速度。

在爬泳整个水下划水过程中，手相对于静止的水的运动轨迹实际上是一条复杂的三维曲线，在横切面、纵切面及水平面上均呈现不同的状态。在划水过程中要不断地调整手掌方向，使手掌平面在不同阶段都能与手的运动方向形成合适的迎角，从而产生较大的推进力，推动身体向前快速游进。

3. 出水

手掌划至大腿侧下方时，手臂在运动惯性的作用下很快接近水面，掌心逐渐转向大腿。此时肩部三角肌收缩，手臂放松，微屈肘，由上臂带动肘部向外上方提拉，将前臂和手提出水面。手掌出水时小指侧向上，可以把阻力减到最低限度。整个出水动作应迅速、柔和、放松，手臂不要在体侧停止。

在这一阶段应当注意避免掌心朝上直臂向上兜水。这种错误不仅会造成手臂出水困难，还会由于水的反作用力朝下而引起髋部下沉，增大游进阻力。

4. 空中移臂

臂出水后应紧接着经空中前移，中间不能停顿。移臂动作要自然放松，与身体的转动及另一臂的划水协调配合，尽量不破坏身体的流线型。

移臂的一般方式是"高肘移臂"。移臂开始时，肘关节微屈，手腕放松，掌心朝后上方，手掌靠近水面，三角肌和斜方肌收缩，由上臂带动肘关节向上、向外、向前移动。当手前移过肩的垂直面后，肘关节转为向下、向内、向前移动，前臂和手朝过肘部向前伸出，掌心转朝外斜下方准备入水。在移臂过程中，肘部应始终高于手和肩。

移臂时应注意避免宽平移臂的错误。手臂绕肩关节直臂宽平前摆的转动半径较大，因而具有较大的角动量。根据力学中的角动量守恒定律，宽平移臂动作势必引起腿部向相反方向运动以维持身体角动量恒定，从而造成身体明显的侧向摆动，使压差阻力增大，降低游进速度。

5. 两臂的配合

爬泳两臂正确合理的结合是保持身体匀速前进的最重要条件。爬泳两臂的划水是交替进行的，可以产生比较均匀的推进力，减少耗费在加速度上的体力支出，这是爬泳比其他泳式游得快的一个重要原因。根据划水时两臂所处的相对位置，可以把爬泳两臂的配合大体上划分为前交叉、中交叉和后交叉三种形式。

"前交叉"是指当一臂入水时，另一臂处于肩前方与水平面呈 30°角左右、刚进入拉水阶段的配合形式。这种配合形式，当一臂出水经空中前移时，另一臂正进行前伸抓水，比较容易保持身体平衡，有利于转头呼吸和掌握两臂交替的动作，所以较适合于初学者采用。但因一臂空中移臂和入水时，划水臂尚未进入最有效的划水阶段，在这个两臂都不产生推进力的空隙，游进速度将会下降，影响速度的均匀性。

"中交叉"是指当一臂入水时，另一臂划至肩部下方，处于拉水结束推水开始的配合形式。这种配合形式可以使手臂在另一臂推水结束前就完成抓水，因而两臂的有效划水阶段略有重叠，从而能持续不断地产生推进力，保持身体匀速前进。

"后交叉"是指当一臂入水时，另一臂划至腹部下方与水平面呈 150°角左右、处于推水阶段的配合形式。这种配合形式，一臂提肘出水时，另一臂前伸抓水，两臂的交替比较连贯紧凑，两臂的有效划水阶段基本上能互相衔接，因而速度均匀性比"前交叉"好。但因抓水和拉水开始阶段产生的推进力不大，所以此时段仍会出现一个短暂的减速，对游进速度有一定的影响，故推进效果不如"中交叉"。

除了以上三种有明显特征的两臂配合形式外，还有"中前交叉"和"中后交叉"的配合形式，从保持速度均匀性的角度看，"中交叉""中前交叉"和"中后交叉"相对比较合理。

二、爬泳的完整配合练习

爬泳中臂、腿、呼吸协调一致的配合，是保持游进速度均匀性的基本条件。由于手臂的动作是推进力的主要来源，因而呼吸及腿的动作都是紧紧围绕臂的动作进行的。正常爬泳，一般采用 6∶2∶1 的配合技术，即在一个完整动作周期中，打腿 6 次（左、右腿各 3 次），划水 2 次（左、右臂各 1 次），呼吸 1 次。

（一）呼吸与臂的配合

爬泳时，是随着两臂交替划水时躯干绕身体纵轴自然转动而侧转头吸气的。一般是朝自己习惯的一侧转头，但最好掌握向两侧轮流转头吸气的技术，以便在比赛中能够观察两侧的对手，同时也有利于平衡两臂的划水效果。

转头呼吸的方法是，吸气侧的手臂入水前伸时稍闭气；随着划水动作，用口、鼻在水中缓缓呼气。当该臂划至肩下开始推水时，随着身体往吸气侧转动，头也开始往吸气侧转动加速呼气；当该臂提肘出水时身体转动达到最大限度，脸部侧对着水面，口处于由向前游进所产生的头波的波谷之中，此时迅速张口吸气；当手臂经空中前移超过肩部准备入水时，随着躯干的转动，转头还原使脸部浸入水中，进入下一个呼吸周期。

吸气时要注意，头应随着身体的转动而转动，不要向前、向上抬头；转头的动作也不宜过大过猛，以免造成身体扭摆，破坏身体的流线型。

（二）臂与腿的配合

以"中交叉"技术为例，采用6：2：1配合技术的爬泳。两腿的6次上抬下打，分别对应于两臂划水的三个环节。具体地说就是，一臂入水时，异侧腿做第1次下打；当手臂前伸抓水时，同侧腿做第2次下打；当手臂开始拉水时，异侧腿做第3次下打；当手臂开始推水时，同侧腿做第4次下打；当手臂推水结束时，异侧腿做第5次下打；当手臂出水经空中前移时，同侧腿做第6次下打。

除了6：2：1的配合技术外，在中、长距离自由泳比赛中，运动员还常采用4：2：1、2：2：1或交叉打腿等配合技术。这几种配合技术的打腿次数减少，降低了能量的消耗，有利于充分发挥臂划水的力量，加快划水频率。同一个运动员在比赛的不同阶段变换配合形式的情况也很常见。例如，途中游采用两次或四次打腿配合，终点冲刺则改用六次打腿配合；途中游采用划臂两次呼吸一次（一侧转头）或划臂三次呼吸一次（两侧转头），终点冲刺则需要减少呼吸次数甚至完全不呼吸。

第三节　仰泳

一、仰泳技术分析

（一）身体姿势

游仰泳时，身体自然伸展近乎平直地仰卧水中，头和肩部略高于臀部，胸部在游进时正好位于水面，腹部和两腿保持在水面下5～10厘米，身体纵轴与水平面呈5°～10°的迎角。这种流线型姿势，既能有效地减小游进时水的阻力，又能充分发挥腿部动作的推进作用。

游仰泳时，正确的头部姿势是使身体保持流线型的关键。要求颈部自然伸直，下颌略收，后脑浸入水中，水面平耳际，脸露出水面；两眼看后上方，视线与水平面约呈45°角，两眼余光可见脚打出的水花。头部在游进中要保持相对稳定，不要上下左右晃动。过于低头会造成含胸屈髋，形成"坐着游"的姿势，不仅无法充分发挥臂、大腿肌群的力量，而且还会由于臀部下沉增大身体在游进方向上的投影截面，从而产生较大的水阻力。过于仰头则会导致背弓，使肩部没入水中，从而加大水阻力并影响空中移臂和呼吸动作，同时还会抬高下肢位置，造成向上踢水时膝盖露出水面而降低了打腿动作的效果。

游仰泳时，躯干会随着两臂轮流划水的动作而绕身体纵轴左右转动。当手臂出水经空中前移时，同侧肩转出水面；当手臂入水时，同侧肩转入水中，在手掌下划至最深点开始上划时，身体转至最大幅度，此时两肩连线与水平面呈30°～45°角。髋部和腿部也应当随着肩的转动而进行适当转动，但幅度不宜过大。

仰泳时躯干的转动有以下作用。

（1）臂出水经空中前移时，同侧肩部转出水面，可以减少肩部所受到的水阻力，有利于完成手臂的出水和空中前移动作。

（2）躯干转动可以使划水的手臂达到一定的深度以形成良好的屈臂倒高肘姿势，缩短划水时的力臂，使划水臂与躯干保持较好的角度，从而充分发挥肩带和胸背部大肌群的作用，增大手臂划水的力量。

（3）躯干转动造成两腿适当地侧向打水，有助于抵消手臂在体侧划水时身体侧向摆动的趋势，从而可以使身体保持良好的姿势，直线向前游进。

仰泳时躯干的转动因人而异。一般来说，肩关节灵活性好的转动可小些，肩关节灵活性差的转动应大些。应注意转动幅度不宜太大，躯干转动过大，必然会消耗过多的体力，还会引起髋部明显的转动和腿部的左右摆动，从而降低腿部动作的效果。

仰泳的腿部动作不仅有助于使腿部保持较高的位置，维持身体平衡，减小身体的侧向摆动，形成流线型身体姿势以减小水阻力，而且还可以产生较大的推进力来推动身体前进。

（二）腿部技术

仰泳的腿部动作与爬泳的腿部动作基本相同，只是卧水姿势不同，打腿方向相反。由于游仰泳时腿的位置较低，所以两腿的打水动作较深，打腿的幅度和屈膝的程度都略大于爬泳。确切地说，仰泳的腿部动作是以髋关节为轴，大腿发力，通过膝关节带动小腿和脚有节奏地做上下交替打水。可以用"屈膝上踢、直腿下压"来形容仰泳腿部动作的过程。

1. 向下打水

向下打水动作是从腿向上打水至最高点接近水面处开始的。下打时以髋关节为轴，通过臀部和大腿后侧肌群的收缩，由大腿带动小腿和脚向下运动；在下打阶段的前2/3处，膝关节应伸直，踝关节应自然放松，脚掌与水平面约呈45°角；当直腿下压至脚低于臀部水平时，大腿停止下压并转为上抬，小腿和脚则由于惯性作用而继续向下运动，完成后1/3的下压动作，此时膝关节逐渐弯曲；脚下压至最低点时，约在水面下45厘米深处，膝关节屈成 135° ～ 145° 角，小腿与水平面构成 35° ～ 45° 角。这种由大腿、小腿和脚依次向下的链状动作，通常也被称作"下鞭"。

2. 向上打水

随着大腿、小腿和脚依次结束向下的动作，腿的上踢动作就开始了，此时髋腰肌、股四头肌等肌群用力收缩，大腿继续上移，带动小腿和脚向上加速打水；当大腿上打至膝盖接近水面时，就应及时制动并转为下压，此时由于股四头肌强有力的收缩促使膝关节迅速伸直，小腿和脚加速上踢完成最后的鞭打抖踝动作，脚踢出水花；上踢结束时，腿部完全伸直，脚尖稍低于水面。紧接着又开始另一个打腿动作周期。这种由大腿、小腿和脚依次向上形成的链状动作，通常也称作"上鞭"。

腿的下压是打腿的恢复过程，可以使腿从一个有利的位置开始做强有力的上踢动作。在做下压动作时，脚相对于静水是向下、向前运动，由打水升力和打水阻力次所形成的反作用力朝后上方，不起推进作用。但水的反作用力向上的分量可以使臀部和大腿处于较高的位置，有助于保持身体的稳定和流线型。

在做向上打水动作时，主观感觉是向后方踢水，但因为打腿时人体不断向前移动，所以脚相对于静水实际上几乎是垂直向上运动，所产生的打水升力和打水阻力可以形成一个基本向前的反作用力场，推动人体向前运动。

踝关节的灵活性对上踢动作的效果有很大的影响。如果踝关节灵活而放松，在上踢过程中能保持稍内旋并充分跖屈的姿势，则可以使脚掌平面与脚的运动方向形成一个合适的迎角，从而产生一个较大的垂直于脚运动方向的打水升力。如果踝关节柔韧性差，脚掌平面与脚运动方向形成的迎角过大，接近于 90°，则上踢动作主要产生向下的打水阻力，推进效果差。增大屈膝的程度虽然也可以减小脚掌对水的迎角，但过分屈膝会使小腿受到更大的水阻力。因此，仰泳腿部动作效果的提高应依赖于踝关节灵活性的提高。

仰泳鞭状打腿的动作要有鲜明的节奏，一腿下压时，另一腿上踢，两腿上踢下压的幅度约为 45 厘米。下压动作要相对柔和放松，上踢动作则要用力加速完成。上踢时应注意不能使膝和脚露出水面，否则会影响打腿效果。

（三）臂部技术

仰泳时手臂的划水动作是推动身体前进的主要动力。可以将仰泳臂的一个完整动作周期分为入水、划水、出水和空中移臂四个紧密相连的动作阶段。

1. 入水

仰泳手臂的入水，应借助空中移臂的惯性进行。入水时手臂伸直，自然放松，手臂内旋使掌心朝向外侧，手掌在腕关节处内收，使手与前臂形成 150° ～ 160° 的角度，以小指领先在肩的延长线（通过肩关节与纵轴平行的直线）前端切入水中。这种入水方式可以使手臂在入水时的挡水面控制在最小范围内，从而达到减小入水阻力的目的，同时也有利于完成接下来的抓水动作。

入水动作正确与否对游进速度有很大的影响。手臂入水时不应过于偏离肩的延长线。入水点过于偏外会缩短划水路线，降低划水动作的推进作用，同时会增大水的阻力。入水点过于偏内，严重时超过了身体中线偏向异侧肩，会造成手臂划水开始阶段出现明显的"侧向划水"，引起身体左右摇摆，破坏身体的流线型，使游进阻力增大。入水的另一个常见错误是用手背拍击水面，这不仅会使手臂本身受到较大的阻滞，不能顺利地做好后继的抓水动作，而且还会增大手臂的挡水面，掀起较大的波浪，并造成头部的上下起伏，从而增大游进的水阻力。

2. 划水

仰泳时身体呈仰卧姿势，由于肩关节结构的限制，手臂划水只能在侧面进行，不利于肌肉力量的发挥，而且由于侧面划水时手臂阻力点离身体纵轴较远，容易引起身体的侧向摆动，所以手臂的划水既要考虑充分发挥肌肉力量以产生大的推进力，又要考虑尽量减小其使身体侧摆的作用。在划水过程中躯干要绕纵轴做合理转动，手臂要做由伸到屈又由屈到伸的动作，使手在划水的不同阶段处于不同的深度。对于静水来说，手的运动轨迹是一条复杂的三维曲线；而对于游泳者自身来说，手的划水路线在纵切面上近似于一个平放着的前浅后深的"S"形，主要表现为前端的下划、中部的上划和后部的下划三个连贯的阶段，可将它们分别称为抓水、拉水和推水。

（1）抓水。手臂入水后，应借助动作的惯性继续伸肩前移，同时随着躯干向同侧的转动直臂向下向外划动。随后开始屈腕、屈肘，使掌心逐渐转为朝着外下后方。完成抓水动作时，躯干朝着划水臂方向转至最大幅度，手掌在水面下 30 ~ 40 厘米处，肘关节屈至 150° ~ 160° 角。

抓水主要是为后面的"拉水"和"推水"做准备。正确做好抓水动作，能使肩带肌、胸大肌、背阔肌等适度拉长，增大肌肉的初长度，有利于增大划水力量。抓水动作不充分，就会因过早划水而造成侧向划水或划空现象。如果手臂入水后没有向下向外划动屈腕抓水，而是立即屈臂沉肘直接向后划水，则会增大手臂在前进方向上的挡水面，增大水的阻力。

（2）拉水。在抓水的基础上，前臂内旋，手掌上翻使掌心朝向后上方，肘部下降并进一步屈肘，手掌和前臂向后向上向内划动。在这个上臂带动前臂和手掌向后上方"拉水"的运动过程中，手掌和前臂运动的速度比上臂快。当手掌划至肩侧拉水阶段结束时，手掌、前臂和上臂同处于肩的横切面上，屈肘程度达到最大，上臂与前臂呈 90° ~ 110° 角，手掌距水面 10 ~ 15 厘米，形成"倒高肘"的划水姿势。

（3）推水。在拉水的基础上，手掌、前臂和上臂几乎同时用力，使掌心对着后方，手沿着"S"形路线的顶部向后推水。随后，上臂和肘关节逐渐靠近身体，前臂内旋，手掌和前臂用力向后向内向下推压，掌心由向后转为向下，加速完成最后的转腕鞭状下压的动作。推水结束时，肘关节完全伸直，手掌划至大腿的侧下方，距水面40～50厘米。在这一阶段，为使手掌和前臂保持较好的对水面，上臂的运动应领先于前臂和手掌的运动。

抓水、拉水、推水三个阶段是紧紧连接在一起的，必须逐渐加速，中间不能有任何停顿。

为了提高手臂划水的推进效果，还要注意调整手腕的屈伸角度。在开始阶段手腕应微屈呈150°～160°角；在中间阶段时手腕应伸直；在推水时手腕要伸至200°～220°角；推水结束时应屈腕下压。

实验证明，在仰泳划水的中间部分，当上臂与两肩连线所形成的角度小于180°，约成150°角时，划水的力量最大。

3. 出水

当手臂在做向下推压水动作时，躯干已开始回转。随着划水臂最后的鞭状推压动作及另一臂的入水，躯干继续回转使划水臂的肩部转出水面。此时三角肌前部收缩，并借助手臂推压水所产生的反作用力，向上将手臂按上臂、前臂和手的顺序依次提出水面。出水时手臂自然伸直，动作应迅速、轻松、自然。

手臂出水时，手有三种姿势。第一种是在推压水结束后，臂自然伸直，略屈腕，以手背领先出水。这种方式动作放松，容易掌握，多为初学者采用，但出水时的阻力较大。第二种是在推压水结束后，手臂稍外旋，掌心转向内，以拇指领先出水。这种方式出水阻力小，动作也比较自然，被大多数运动员所采用。第三种是在推压水结束后，手臂充分内旋，掌心转向外，以小指领先出水。这种方式肩的位置比较高，出水阻力小，入水前不须再做臂内旋的动作。有些运动员也采用这种方式，但这种方式从出水到移臂肌肉都比较紧张，动作不够轻松自然。

4. 空中移臂

手臂提出水面后，应以肩为轴，迅速沿着通过同侧肩的纵切面经空中向头前摆动。移臂时，手臂应自然伸直，动作应轻快放松。如果是以手背或拇指领先出水，当手臂移过垂直部位后立即开始内旋，将掌心转向外。入水前，肩关节应充分伸展，为入水动作做好充分准备。在移臂的过程中，应尽量向上顶肩，使肩部露出水面，以减少肩部受到的水阻力。手臂须始终与水平面保持垂直，任何偏离动作都会产生侧向分力使身体左右摇摆，同时也会直接影响后续的入水动作。

5. 两臂的配合

仰泳两臂的配合是保持游进速度均匀的关键，以采用"连接式"技术为好。具体做法是，当一臂处于最后的向下转腕推压阶段时，另一臂正好以小指领先切入水中；一臂提肩出水时，另一臂正处于下划抓水的阶段；一臂经空中前移到垂直部位时，另一臂正处于划水的中间阶段。这样，两臂几乎始终处于相对的位置，像风车的翼一样不停地转动。"连接式"配合技术的特点是两臂连贯交替，动作协调，节奏明显。由于一臂结束划水动作开始上提时，另一臂已开始向下向外划动，所以两臂划水产生的推进力能紧密衔接，保证了游进速度的均匀性。

（四）完整配合技术

仰泳中臂、腿、呼吸协调一致的结合，对于保持良好的身体姿势与均匀游速有着极其重要的作用。正常仰泳，一般采用6：2：1的配合技术，即在一个完整动作周期中，打腿6次（左、右腿各3次），划水2次（左、右臂各1次），呼吸1次。

1. 呼吸与臂的配合

游仰泳时，除出发和转身外，面部始终露在水面上，因此呼吸动作相对比较简单，但也要严格地按节奏进行，以保证提供最大的肺通气量，使激烈的肌肉工作能持续进行，并使身体获得足够的浮力以保持良好的身体位置。

仰泳呼吸与臂配合的具体方法是：当一臂经空中前移时，用口深吸气；臂入水时吸气结束；在抓水阶段做短暂的闭气后，随划水的进行（此时另一臂正处于空中前移阶段）用口、鼻呼气。如此周而复始地进行。这种配合方式可以有效地控制呼吸节奏，既避免了因呼吸频率过快引起的动作紊乱，又能保证呼吸充分以满足运动时氧的供应。

2. 臂与腿的配合

仰泳6次打腿与2次划臂的配合时，两腿的6次上踢下压，分别对应于两臂划水的三个环节。具体地说就是，一臂抓水时，同侧腿上踢；当手臂向上划水形成"倒高肘"姿势拉至体侧时，异侧腿上踢；当手臂向下推压转腕鞭水时，同侧腿再次上踢。随着另一臂的划水，腿部继续完成一个动作周期中的另外3次打腿。

这种配合技术，有利于充分发挥臂划水的力量，并有利于提升身体位置，避免身体过分地转动和侧向摆动。例如，臂划水结束后从水下快速提出水面时，产生的向下的反作用力将促使身体下沉，而此时同侧腿下压动作所产生的向上的反作用力，正好抵消了提臂出水动作使身体下沉的作用。

二、仰泳技术练习

（一）腿部技术的练习

仰泳的腿部动作比较简单，学起来比较容易。但对于初学者，首先要通过一定的练习，形成正确的仰卧姿势。仰泳腿部技术的教学，要强调以髋关节为支点，大腿发力，带动小腿和脚像甩鞭子一样上下运动，两腿快速交替。可从比较简单的直腿打水开始，体会大腿带动小腿和脚运动的动作要领，然后逐步过渡到直腿下压、屈膝上踢的鞭状动作，并通过大量的练习，不断提升打腿动作实效。

仰泳腿部技术口诀：大腿发力带小腿，两腿交替像甩鞭；上踢用力下压直，膝盖脚尖不出水。

1. 陆上模仿练习

（1）坐撑模仿打腿。坐池边或地上，上体后仰，双手后撑，两腿并拢伸直，模仿仰泳做上下交替打腿动作，理解动作幅度和脚的姿势。先直腿练习，初步体会大腿带动小腿的要领后，逐步过渡到鞭状动作。

（2）坐池边踢水。坐池边，上体后仰，双手后撑，腿前伸，双脚浸入水中，做仰泳上下交替的打腿动作。先直腿练习，逐渐过渡到鞭状动作。要求上踢时搅出水花，注意不要做成"踏自行车"的动作。

2. 水中练习

（1）托扶仰卧漂浮。水中站立，深吸气后，上体慢慢后倒，由同伴站在侧面托住腰部，或站在前方托住头部，体会仰卧漂浮的身体姿势。

（2）仰卧漂浮。水中原地站立，身体慢慢后倒，两臂平伸，挺身举腿成仰卧姿势漂浮水中。站立时，先收腹屈腿屈膝，两手从身后向身前划水帮助臀部下沉；然后，两手向下压水，两腿下踩站稳。

（3）仰卧蹬壁滑行。两手抓住池槽，两脚贴在近水面的池壁上。然后，上体后倒仰卧水中，两手松开，两臂贴于体侧，两腿随即用力蹬壁，身体成流线型在水中向前滑行。

（4）抓槽（撑底）打腿。仰卧水中，两手反抓水槽，或在浅水中两手后撑池底，练习仰泳的打腿。重点体会展髋平浮的身体姿势和腿的上踢下压动作。上踢时脚和膝不要露出水面，但要踢出水花。

（5）托头打腿。仰卧水中，两臂置于体侧，由同伴托住头部，做仰泳打腿动作，帮助者慢慢后退。练习时重点体会正确的仰卧姿势及通过打腿推动身体前进时的肌肉感觉。

（6）漂浮打腿。利用打水板或各种助浮器使身体仰卧漂浮水面做打腿练习。

（7）滑行打腿。仰卧蹬边滑行后做仰泳的鞭状打腿动作向前游进，两臂在体侧轻轻拨水保持身体平衡。

（8）臂前伸滑行打腿。仰卧蹬边滑行后，做仰泳的鞭状打腿动作向前游进。开始时一臂摆至头前伸直，另一臂置于体侧，两臂轮换练习。然后要求两臂都摆至头前，并拢伸直，头夹于两臂之间，逐步增加练习距离，也可以扶打水板做练习。

（9）转体打腿。两臂置于体侧，做仰泳的打腿动作向前游进，保持头部稳定；身体绕纵轴有节奏地来回转动使两肩轮流露出水面。两腿相应做轻微的侧向打水。体会在躯干转动的情况下两腿打水的动作要领。

（二）臂部技术及臂与呼吸配合练习

仰泳手臂的划水动作比较复杂，划水是在体侧进行的，动作若不正确，不仅无法提供大的推进力，而且容易引起身体的侧向摆动。因此，教学中应特别强调屈臂倒高肘沿平"S"形路线划水的技术。在教两臂的配合时，应强调两臂随着躯干的转动连贯交替，各阶段动作之间不能停顿，尤其在划水结束后应迅速提臂出水。在教学中，通过一些基本练习初步教学仰泳划臂之后，就应及时过渡到臂、腿配合地练习，在大量的结合练习中不断提高划水动作的实效和两臂动作的连贯性。

初学仰泳时，呼吸动作以自然为宜。随着划臂动作的熟练与巩固，再进行呼吸配合练习，形成有节奏的呼吸。

仰泳臂部技术口诀：肩前小指切入水，前伸下划抓住水，屈臂提拉至体侧，伸肘推压再出水，一臂入水一臂推，两臂交替须连续。

仰泳臂与呼吸配合技术口诀：一臂前移吸气，另臂前移呼气。

1. 陆上模仿练习

（1）原地单臂模仿划臂。陆上原地站立，单臂做仰泳划水的模仿动作。先按三拍分解练习：①直臂入水。②屈肘拉。③伸肘推。基本掌握后，连贯起来练习。两臂轮换练习。

（2）原地模仿交替划臂。陆上原地站立，模仿仰泳双臂的划水动作。先直臂练习，初步体会动作后再屈臂练习，要求两臂的划动与躯干的转动协调一致，两臂基本上处于相对的位置。

（3）仰卧模仿划臂。仰卧凳上，模仿仰泳手臂的划水动作。先单臂练习，然后两臂交替练习，着重体会屈臂倒高肘的姿势和"S"形的划水路线。

2. 水中练习

（1）托扶划臂。练习者仰卧水中，由同伴抱住双腿或抓住双踝，练习者做仰泳两臂连贯交替的划水动作。帮助者稍用力使练习者的躯干随手臂动作适当转动以帮助顺利完成划臂动作。

（2）挂膝划臂。仰卧水中，膝关节挂在分道线上，做仰泳手臂的划水动作。练习时，应屈膝勾住分道线，以免划臂时腿从分道线上滑过。

（3）夹板划臂。大腿夹打水板，身体水平仰卧水中，做仰泳两臂连贯交替的划水动作向前游进。

（4）夹板划臂结合呼吸。大腿夹打水板，身体水平仰卧水中，做仰泳两臂连贯交替的划水动作向前游进，配上有节奏的呼吸，逐渐形成一臂空中前移时吸气、另一臂空中前移时呼气的动力定型。反复练习，逐步延长练习距离。

（三）完整配合技术的练习

在仰泳 6：2：1 的完整配合技术练习时，不必刻意追求 6 次打腿与 2 次划臂精确的配合时相，主要应强调在划水的过程中大腿不停顿地打水。通过大量的练习，在不断完善臂、腿基本技术的基础上，逐渐提高臂、腿配合的协调性。臂、腿动作熟练后，加上呼吸动作即形成完整配合技术。

仰泳臂、腿配合技术口诀：身体仰卧头稳定，绕着纵轴左右转，两臂交替像风车，上踢下压不停顿。

1. 陆上模仿练习

小踏步模仿配合。原地站立，两腿原地小踏步，两臂做连贯交替的划水动作，模仿仰泳的臂、腿配合技术。不必强调臂、腿配合的对应次数，只要两臂划动时两腿不停地踏步即可。

2. 水中练习

（1）单臂划水配合游。仰卧蹬边滑行后继续打腿游进，一臂置于体侧，另一臂划水。做这一练习时，腿应不停顿地打水，并注意体会躯干绕纵轴的转动和轻微的侧向打水。左、右臂轮换练习。

（2）前伸稍停配合游。仰卧蹬边滑行后继续打腿游进，两臂交替划水，手臂经空中前移在肩前入水后稍停，保持充分伸肩姿势不停顿地打腿向前游进，然后再开始划水。做这一练习时，应着重体会一臂入水与另一臂最后的推压水协调一致，并注意使两臂始终处于相对的位置。

（3）完整配合游。以正常的臂、腿配合动作向前游进，两腿不停顿地打水，两臂连续交替划水。注意手臂划至大腿旁后不要停顿，一做完向下推压动作就紧接着提肩出水。在臂、腿配合协调的基础上，逐渐加上有节奏的呼吸，形成 6∶2∶1 的完整配合技术。然后逐渐增长游距，在反复的练习中不断改进腿、臂、呼吸动作，提高动作实效，使配合动作趋于熟练、自然、放松。

第四节　蝶泳

一、蝶泳技术分析

（一）身体姿势

与其他泳式不同，蝶泳没有一个固定的身体姿势，头和躯干各部分的相对位置在一个动作周期中不断地发生着变化，形成上下起伏的波浪状摆动。这种波浪状的身体姿势，是由于蝶泳臂、腿及呼吸的特殊技术而自然形成的，主要表现为头、肩、臀及腿部有节奏地上下摆动。

两臂入水时，由于移臂动作的惯性，头、肩随之下潜；两臂外划抓水、两腿完成第一次向下打水时，由于水对腿的反作用力，臀部向前、向上升至水面；两臂拉水、两腿上摆、开始抬头吸气时，头、肩升出水面而臀部略下沉；当两臂推水结束开始出水、两腿完成第二次向下打水时，臀部略微升高，身体保持着一个相对水平的姿势；当两臂经空中前移，两腿再次上摆时，臀部又略为下沉。可见，在一个动作周期中，随着臂的划水和呼吸动作，头、肩有一次上下波动；而随着腿部的两次打水动作，臀部有两次上下波动，一次大，一次小。

蝶泳时身体各部位波浪式上下运动的幅度是不同的，肩部动作幅度较小，臀部动作幅度适中，大、小腿动作幅度逐步加大，脚的动作幅度最大。身体的这种呈自然波浪状的上下摆动，有利于手臂正确划水，有利于两腿做强有力的鞭状打水，有利于臂、腿和呼吸的协调配合，可以使身体始终保持较高的位置，形成良好的流线型。

蝶泳身体姿势的常见错误是波浪起伏过小或过大。造成头、肩起伏小的原因通常是手臂入水时未及时低头下潜，而手臂一入水就开始下划，这将使手臂无法有效地划水，从而降低了臂部动作的推进作用。造成臀部起伏过小的原因通常是打腿幅度太小或动作不正确，臀部无法升至水面，因而身体位置始终很低，使水阻力加大。

身体起伏过大则往往是由于手臂入水时头、肩过于下潜或打腿太深、屈髋太多、臀部抬得过高造成的，起伏太大，会增大身体在游进方向上的投影截面，破坏相对水平的流线型姿势，使压差阻力和波浪阻力同时增大，造成游进速度的降低。对于初学者，尤应注意避免身体起伏太大的错误，不宜过分追求身体的波浪动作。

（二）躯干和腿部技术

蝶泳的海豚式打腿动作对于保持良好的身体姿势、形成身体自然的波浪式摆动，提供一定的推进力，有着十分重要的作用。打腿动作是由腰部发力，通过髋关节、膝关节、踝关节依次传递，大腿带动小腿和脚掌像甩鞭子一样上下运动而形成的。与其他泳式不同，它不是单独的腿部动作，而是与躯干运动密切联系在一起。

打腿时，两腿自然并拢，两脚跟稍分开，脚掌稍内旋使两脚拇指靠拢，踝关节放松。脚的这种"内八字"姿势有利于增大脚掌打水时的对水面，提升打水效果。

海豚式打腿的一个动作周期可以分为向上打水和向下打水两个阶段。

1. 向上打水

向上打水时，两腿伸直，两脚处于最低点，臀部上升至水面。此时，臀大肌收缩使髋关节展开，两腿上抬。在向上抬腿的过程中，膝关节和踝关节放松，水的阻力使两腿保持自然伸直的状态。向上抬腿的动作使臀部开始下沉。当两腿上抬到脚稍高于臀部水平时，大腿停止上移并转而向下运动，髋关节开始弯曲，小腿和脚则由于运动惯性而继续上抬，膝关节逐步弯曲。向上打水阶段结束时，臀部下降到最低点，脚抬得接近水面，膝关节屈呈 110° ~ 130° 角。

2. 向下打水

向下打水时，踝关节放松，两脚在水的阻力作用下充分跖屈，使脚背保持良好的对水面状态。此时腰部发力，收腹提臀，髋关节继续弯曲，大腿加速下压，带动小腿和脚向下运动。在向下打水的过程中，膝关节开始伸直。当两腿下打至膝关节接近伸直时，大腿即停止下压并转而向上运动。此时股四头肌做强有力的收缩，促使膝关节迅速伸直，带动小腿和脚加速向下鞭打。当两脚下打至最低点时，膝关节完全伸直。向下打水的动作使臀部上升至水面，大腿与躯干约呈 160° 角。至此完成一个海豚式打腿的完整动作，随即开始下一个打腿动作周期。

在每个海豚式打腿动作周期中，大腿的上下运动应始终领先于小腿的运动。向上打水脚至最高点前大腿已开始下压；向下打水脚至最低点前大腿已开始上抬，这种鞭状的动作不仅能使腰和大腿所具有的较大力量转移到远端促使小腿和脚加速鞭打，而且能顺利完成大腿方向的转换减少力量的损耗。

初学海豚式打腿的另一常见错误是向上抬腿时屈膝上钩。由于大腿没有上抬而仍处于较深位置，小腿的上钩将增大身体在前进方向上的投影截面，从而增大水的阻力。

（三）臂部技术

蝶泳两臂的划水是推动身体前进的主要因素，所产生的推进力大于其他泳式，躯干和腿的波浪动作均服从于手臂的动作。它的特点是，两臂在肩前入水后，同时并对称地在身体下方向后划水，然后提出水面经空中前摆。我们可以将蝶泳臂的一个完整动作周期划分为入水、划水、出水和空中移臂四个紧紧相连的动作阶段。

1. 入水

入水动作应借助空中移臂的惯性顺势完成。两臂入水时，手指自然伸直并拢，臂稍内旋，肘关节稍屈并高于手，掌心朝外下方，手掌与水平面约呈 45° 角，以拇指领先在肩的延长线（通过肩关节与纵轴平行的直线）前端切入水中。入水时两手的距离同肩宽，手臂按手——前臂——上臂的顺序依次入水。

这种方式入水阻力小，通过入水后的伸肘动作，能使手和前臂快速开始向外划动，有利于克服空中移臂后两臂向内运动的惯性，平稳地完成臂部动作方向的转变。

入水时要避免手背向前、向内挡水。这种动作会产生向后、向外的反作用力，降低身体的前进速度。入水时的另一常见错误是两手距离过窄，手在肩延长线以内入水。这种动作在划水的开始阶段时有明显的侧向划动，易产生侧向分力，不利于迅速转入抓水和加快动作频率。

2. 划水

蝶泳划水时，对于游泳者自身来说，手从入水到出水这一段的划水路线在水平面上很像两个相对的"S"形，所以人们就把这种划水路线称为"双 S"形，也有将其称为"钥匙洞"形或"漏斗"形的。我们可以将其大致划分为抓水、拉水、推水三个阶段。

（1）抓水。两手入水后，首先借助空中移臂的动作惯性伸直肘关节，两臂稍内旋并稍屈腕，掌心转向外后方，手掌接近垂直于水面，并与游进方向呈 40° ～ 50° 角，以指尖领先向外划至约两倍肩宽处。此时肘关节开始弯曲，掌心转向外下后方。

划水开始阶段的主动外划抓水，正处于腿向下打水使臀部上升、肩部下沉、身体向前的时刻，时间很短，速度较平缓，但却可以使手臂由直臂转为屈臂，使掌心由朝外后方转为朝外下后方，以便从一个有利位置开始拉水。

这一阶段的常见错误是，手一入水就将掌心转向下，并立即屈肘划至身体下方。由于手臂外划不足，无法做出后续有力的下划和内划动作，造成推进力的较大损失，同时也影响腿部向下打水的推进作用。因此，手入水后应感觉向前伸展，在腿完成下打之前不要急于用力划水。当腿部下打结束时，臀部升至水面，此时两臂已经充分外划抓水，有利于开始做最有效的划水动作。

（2）拉水。拉水是指手臂从抓水结束处划至肩的横切面这一阶段，应接着抓水动作进行。根据拉水时手臂的主要运动方向，又可以把拉水分为"下划"和"内划"两个环节。

"下划"时，手臂向下并稍向外沿弧线划动，肘关节继续弯曲形成高肘姿势，掌心朝外下后方，直至手接近划水路线的最深处，此时应注意不要使掌心完全朝下直接向下压水，否则，产生的反作用力将主要使头和躯干向上举起，而不是使身体向前运动。

紧接着，手臂开始"内划"，掌心转向内后方，手掌向内、向上和向后沿弧线划至肩下方靠近身体中线处，屈肘程度逐渐加大。当两手划至肩下方时，屈肘程度达到最大，前臂与上臂呈 90° ～ 100° 角，两手接近靠拢。

拉水时，手和前臂应以肘关节为轴像螺旋桨一样转动。动作应逐步加速，突然发力会破坏划水的合理节奏。拉水后半段手臂在内划的同时也有较大幅度的后划，产生的划水阻力和划水升力一起构成一个较大的反作用力，可以有效地推动身体前进。因此，内划是一个强有力的推进动作。

（3）推水。当两臂拉水至肩下时，即转入推水。此时上臂内收，肘部向体侧靠拢，掌心转为朝着外后方，两臂保持屈臂高肘姿势划至腹下，两手之间仍保持较近的距离。接着，肘关节用力伸展，使手继续加速向后、向外、向上划至大腿前外侧。由于水的压力，此时手掌应往掌背的方向伸展。推水结束时，肘关节并未完全伸直，前臂与上臂保持 150° ～ 160° 角。

推水是划水全程中最强有力的阶段，手向后、向外、向上的运动必须自始至终加速进行。这一阶段应注意避免直接向上推水的错误。直接向上推水的动作不仅不会起推进作用，还会因水的反作用力造成臀部下沉，增加水阻力，降低游进速度。

在一个完整的划水过程中，手臂在肩前、肩后的动作形式是相反的。拉水时，手臂外旋，肘关节逐步弯曲，手和前臂的运动领先于上臂；推水时，手臂内旋，肘关节逐渐伸展，上臂的运动领先于手和前臂。由拉水到推水要加速进行，中间不能有丝毫停顿。

在蝶泳划水的全过程中要不断地调整手掌方向，使手掌平面在不同阶段都能与手的运动方向形成一个合适的迎角。

3. 出水

在推水动作的最后阶段，手划至大腿的前外侧时，肘关节已提出水面。推水结束，手腕立即放松，使掌心转向内朝着大腿。此时，借助手臂向上、向外弧形划动的惯性，略屈肘，按上臂——前臂——手掌的顺序将手臂向上、向外提出水面。整个提肘出水的动作应迅速、干脆，紧紧接着推水动作进行，中间不能有丝毫的停顿，否则动作难以完成。手出水时小指侧领先可减小出水阻力。

4.空中移臂

两臂提出水面后，即沿身体两侧低平的抛物线向外、向前抢摆。受出水动作的影响，移臂开始时肘关节仍呈微屈状态，两臂在向外、向前抢摆的过程中自然伸直，并始终保持拇指朝下的姿势。当两臂摆过肩的横切面时，转为向内、向前移动。此时肘关节微屈并略高于手，掌心转朝外斜下方，准备入水。

空中移臂时两臂应放松，肩部应略高出水面，使一手臂保持在水面上前移，以减小移臂的水阻力。移臂动作要快，动作过慢会造成身体下沉。肩关节灵活性好，会使移臂动作更加轻松自然。

（四）完整配合技术

蝶泳的臂、腿动作及与呼吸的配合比较复杂。正常的蝶泳，一般采用 2：1：1 的配合技术，即在一个完整动作周期中，做海豚式鞭状打水 2 次，两臂同时划水 1 次，呼吸 1 次。

1.呼吸与臂的配合

游蝶泳时，要随着两臂的划水及身体的波浪起伏而有节奏地抬头吸气。呼吸的时机十分重要。呼吸必须与两臂的划水动作严格合拍，才能保持身体的流线型姿势，保持两臂划水的持续，并保证完整配合动作的协调连贯。

正确的呼吸方法是，两臂外划抓水时，头开始上抬；在两臂下划和内划的过程中继续抬头；内划结束两臂划至肩下时头抬出水面，下颌前伸；在两臂推水及空中移臂的前半段张口吸气；两臂前摆准备入水时迅速低头，稍闭气后开始呼气，头应在手臂入水之前浸入水中，但不宜过于下潜。这种呼吸方法动作协调自然，在两臂推水使身体位置上升至最高点时吸气，有利于保持身体相对水平的姿势，减小水的阻力。头部领先于手臂入水，可以使头快速得到水的浮力作用，从而避免了由于抬头吸气和空中移臂而造成的身体下沉。

蝶泳呼吸动作的一个常见错误是向上、向后抬头吸气，这样做会造成上体翘起而腿部下沉，从而增大水的阻力，降低游进速度。应当强调呼吸时下颌前伸使口露出水面，头和肩应继续保持向前运动。

为了减小因抬头吸气而产生的身体流线型姿势的改变，提高游进速度，许多运动员在比赛中采用了划两次水呼吸一次的配合技术，即在一个动作周期中吸气，在另一个动作周期中不吸气。有些运动员在终点冲刺时甚至采用憋气游。在不吸气的动作周期中，应保持低头闭气，脸不露出水面，但在推水时仍应使肩部稍升出水面以便顺利完成空中移臂动作。

2.臂与腿的配合

蝶泳臂的划水与腿的海豚式鞭状打水也有严格的配合时机。它们之间的精确关系若被打破，就会影响动作的连贯性和协调性，影响动作的正确节奏，造成推进效果的下降。臂、腿配合的正确方法是：两臂入水时双腿开始做第一次向下打水，在屈腕抓水时完成腿的下鞭；两臂拉水的过程中双腿上抬；在两臂推水的过程中双腿开始做第二次向下打水，臂出水时完成腿的下鞭；两臂空中前移的过程中双腿上抬。

蝶泳的完整配合技术。在一个完整动作周期中的两次打腿，用力程度应当一致或接近一致。但由于身体位置的不同，会造成第 1 次打腿的幅度稍大于第 2 次打腿的差别。第 1 次向下打水时，头、肩浸在水中，腿可以做较长时间、较大幅度的下鞭，使臀部向前、向上升至水面；在接下来的拉水阶段中，由于头和肩依然没于水中，双腿有可能上抬至较高位置。第 1 次下打是在空中移臂引起身体下沉和游速减慢的情况下进行的。做好第 1 次向下打水动作，有利于及时调整身体位置，形成流线型身体姿势，保证游进速度的均匀性。

而第 2 次向下打水时，头、肩都已露出水面，这就使臀部上升的幅度及两腿下打后上抬的幅度都受到限制。这种差别是由于身体位置不同而自然形成的，不应当刻意为之。实际上，第 2 次打腿有着十分重要的作用，两腿的下打与手臂的推水同时进行，不仅有利于腿、臂肌肉协同发力，提高动作速度，下打动作所产生的反作用力向上的力量还可以有效地抵消推水后半段和出手时两臂向上划水所造成的臀部下沉的趋势，使身体形成相对水平的流线型姿势，减小水的阻力。如果第 2 次打腿用力太小，就无法产生足够的力量使臀部接近水面，其结果将是阻力增大而游速降低。所以，也有人认为第 2 次打腿应该更用力一些。

二、蝶泳技术训练

（一）躯干与腿部技术的训练

躯干的波浪状摆动及海豚式鞭状打水是整个蝶泳技术的基础，在教学中，首先应打好这个基础。在做单独的躯干和腿部动作练习时，应强调保持头和肩部相对稳定，做到直腿上摆，屈膝下打，均匀连贯，节奏明显，以形成身体正确的波浪起伏。教学中，既要注意改进无波浪、效果差的不正确动作，又要注意避免出现波浪起伏太大的错误。

蝶泳躯干与腿部技术口诀：两腿并拢脚内旋，腰腹发力带动腿。直腿上摆髋展开，屈膝下打要提臀。均匀连贯小波浪，节奏明显像海豚。

1.陆上模仿练习

原地模仿躯干和腿部动作。

陆上原地站立，两臂上举并拢。腰腹、髋部、大腿由上往下依次前后摆动，模仿蝶泳躯干和腿的动作，初步体会波浪起伏的肌肉感觉。先按三拍分解练习：①挺髋成反弓。

②屈髋屈膝。③提臀挺膝成屈体。基本掌握后，练习连贯动作。

2. 水中练习

（1）海豚跳。在浅水中面对分道线站立，稍蹲，上体略前倾，两臂前伸并拢，两腿用力向后下方蹬池底，使身体往前上方跃出水面，并迅速收腹提臀越过分道线。身体入水后，迅速展体呈反弓形姿势上浮，还原成站立姿势。这一练习可以帮助练习者体会屈髋提臀和展体挺髋的动作，初步建立躯干的波浪状动作概念。

（2）扶边打腿。两手扶在池边或水槽上，身体俯卧水中，低头闭气，做海豚式鞭状打腿动作。注意体会由腰腹发力，使直腿上摆、屈膝下打的动作要领。

（3）滑行打腿。蹬底或蹬壁滑行后继续低头闭气，做海豚式鞭状打腿动作向前游进。头、肩应保持相对稳定；两腿下打时注意提臀，两腿上抬时注意展髋。动作要均匀连贯，节奏明显，逐渐形成自然的小幅度波浪动作。

（4）潜泳打腿。两臂贴于体侧，低头闭气潜入水中，做海豚式鞭状打腿动作在水面下向前游进。注意由腰腹发力，适当增大打腿幅度，做出明显的提臀和展髋的波浪状动作。

（5）扶板打腿。俯卧水中，两臂前伸扶住打水板，保持头和肩部相对稳定，连续做海豚式鞭状打腿动作向前游进。练习时，先低头闭气做，待基本掌握后可将头抬起，用口在水面上自由呼吸。逐渐延长练习距离，提高动作实效，使打腿动作趋于自然、熟练、放松、协调。

（二）臂部技术及臂与呼吸配合技术的训练

蝶泳的手臂动作难度较大，在教学中除了应使学生掌握正确的划水技术外，还应注重发展划水的肌肉力量。蝶泳的划水动作与爬泳相似，不同之处是爬泳为两臂轮流划水，而蝶泳是两臂同时划水。蝶泳手臂入水后的外划及推水最后阶段手向外的动作都比爬泳明显，因而"S"形划水路线的曲度较大。

蝶泳的抬头吸气动作与蛙泳比较接近。教学中应强调吸气时下颌前伸的动作，注意避免过分抬上体的错误动作。同时还应强调空中移臂后，头领先于手浸入水中。呼吸动作应及早与臂部动作结合起来练习，以掌握正确的呼吸时机和呼吸节奏。

蝶泳臂部技术口诀：两臂肩前切入水，外划屈腕抓住水；屈臂高肘内后划，加速推至大腿边；顺势提肘快出水，放松前摆再入水。

蝶泳臂与呼吸配合技术口诀：抓水拉水慢呼气，推水出水抬头吸；两臂前摆头先低，稍闭气后再呼气。

1. 陆上模仿练习

（1）站立模仿划臂。两脚并立，上体略前倾，模仿蝶泳两臂的划水动作，重点体会双"S"形的划水路线和低平的空中移臂动作。可在地面上画出划水路线，使手沿划水路线划动。基本掌握后，配上抬头吸气和低头呼气的动作。

（2）划臂加压肩。面对肋木，两脚开立，上体前倾，两臂伸直，两手扶在同肩高的肋条上。练习时，先后移重心，然后模仿蝶泳两臂的划水动作。当两臂前摆、重心前移、两手再次扶在肋条上时，顺势向下压肩，体会手臂入水后的沉肩动作。

2. 水中练习

（1）原地划臂。站立浅水中，上体稍前倾，做蝶泳两臂的划水动作，体会划水路线及划水对身体的推动作用，特别强调在推水的最后阶段向上、向外顺势提肘出水。先抬头练习，在动作正确的基础上，配上呼吸动作。

（2）行进划臂。在浅水区，做蝶泳两臂划水的动作向前行进，做好入水、划水、出水、空中移臂各个环节，着重体会屈臂高肘划水对身体的推动作用。先抬头练习，然后加上抬头吸气、低头呼气的动作，体会正确的呼吸方式。

（3）划跳下潜。浅水中原地站立，在两臂向后划水的同时两脚用力蹬池底，使身体向前上方跃出水面，张口吸气；两臂划水之后经空中前移，当两臂摆至肩前时低头潜入水中；身体在水中滑行时呼气，然后还原成站立。着重体会空中移臂后低头入水的动作。

（4）夹板划臂。身体俯卧水中，大腿夹打水板使下肢浮起，同时做蝶泳臂的划水动作向前游进。先闭气练习，基本掌握后再配上有节奏的呼吸。

（三）完整配合技术的练习

蝶泳的完整配合技术比较复杂，臂的划水、腿的打水及呼吸动作要严格合拍。但对于初学者来说，主要应先抓好2次打腿、1次划臂动作的配合。基本熟练后，再逐渐配上呼吸动作。通过反复的练习，提高配合游的协调性，形成正确的动力定型。

蝶泳臂、腿配合技术口诀：入水抓水腿下打，屈肘拉水腿上摆；推水出水腿二打，两臂前摆须展髋。

1. 陆上模仿练习

原地模仿配合。

原地站立，模仿蝶泳两臂的划水动作和躯干的波浪状摆动。在两臂上摆至肩的前方"入水"时，躯干做完第一次波浪状摆动成提臀屈髋挺膝的姿势；当两臂下压至大腿边"出水"时，躯干做完第二次波浪状摆动成稍屈髋的自然站立姿势。练习时，着重体会身体的波浪状摆动与两臂动作结合的时机，力求动作协调、自然。

2. 水中练习

（1）蛙泳长划臂结合海豚式打腿。蹬边滑行后继续低头闭气，做蛙泳长划臂与海豚式打腿结合的动作向前游进。两臂前伸时做第1次下打，两臂推水至大腿旁时做第2次下打。基本掌握后，再配上抬头呼吸的动作。两臂开始划水时即抬头，在推水的过程中吸气，两臂前伸时头入水进行闭气。

（2）臂、腿分解配合游。蹬边滑行后继续低头闭气，做3~4次海豚式打腿动作后，做1次蝶泳划臂动作，然后继续做海豚式打腿动作。反复练习。

（3）单臂蝶泳。一臂前伸不动，另一臂做爬泳划水，两腿做海豚式打水动作。可以连划几次再换另一臂，也可以每划 1 次就立即交换。着重体会 1 次划臂与 2 次打腿的配合时机。做这一练习时，可以采用爬泳侧转头吸气技术。

（4）完整配合。蹬边滑行后继续低头闭气，做蝶泳 2 次腿 1 次臂的正常配合动作向前游进。基本掌握后，加上呼吸动作。开始时，臂、腿做 2～3 个配合动作呼吸 1 次，逐步过渡到正常的 2：1：1 的完整配合。逐渐加长练习距离，在反复游中改进和巩固动作。

第五章　帆船运动

第一节　帆船运动概况

一、帆船运动的历史

（一）世界帆船及帆船运动

1. 世界帆船及帆船运动的历史

帆船是由船体和帆作为主要构成部分，由人操纵进行生活和生产等活动的工具。帆船的存在是人类向大自然做斗争的一个有力见证，帆船的历史同人类文明史一样悠久。

至今发现最早的帆船是记载于公元前 3100 年古埃及陶器上的帆船图，后来一个考古小组在埃及红海岸边发掘出距今约有 4000 年历史的古埃及船遗物，这是迄今为止考古学家发现的世界上最古老的航海船遗物，又进一步佐证了古埃及的帆船起源说。因此，帆船起源于欧洲的说法是不准确的。

帆船运动是在适合的水域（江、河、湖泊、海洋等）内，根据风、浪、流等水文气象因素作用在帆、船体和舵等影响运动各部分的综合受力，由人控制操作达到一定运动状态的一项集竞技、娱乐、探险等多种功能于一体的运动项目。

帆船运动比赛是由帆船竞赛者在统一制定的比赛规则的约束下，通过技术和体能的综合运用，最终完成比赛并取得名次和成绩的活动。参加同一项目比赛的船只统一起航。一场大型比赛一般进行 11 ～ 12 轮，每轮比赛第一名得 1 分，第二名得 2 分，依此类推。去掉一至二轮最差成绩后，按各轮成绩的积分之和排列出最后的名次，得分最少者为优胜。每轮比赛一般要进行 40 分钟至 2 小时。

最早的帆船竞技记载是公元前 1 世纪古罗马诗人维吉尔在叙事诗《伊尼特》中详细描写的特洛伊到意大利的一场帆船竞赛活动，该诗还描述了比赛结束后优胜者和参加者的获奖情况。到了 13 世纪，威尼斯已经开始定期举行帆船比赛。不过，当时的比赛船只并没有统一的规格和级别。

现代用于娱乐活动的帆船出现于 16 ～ 17 世纪的荷兰。荷兰地势很低，所以在古代开凿了很多运河，人们普遍使用小帆船运输物品或进行捕鱼。当时荷兰有一种被称为

"Jaght schip"的船，荷兰语的意思是"既快又轻的捕鱼船"，船长 14 ~ 20 米，有很多贵族建造这种帆船用来进行娱乐和体育活动。17 世纪中叶，英国王子查理到荷兰避难，他也喜欢这种帆船活动。1660 年，这位王子成为英王查理二世回国时，阿姆斯特丹市市长把一条叫"玛丽"号的小帆船赠给了他，以后英国人便依照这条船的样式建造了比赛用的帆船，英文名称为"Yacht"。尽管以后帆船的船型和种类有了很大发展，但这个名字一直沿用至今。1662 年，英国还举办了一场英国与荷兰之间的帆船比赛，路线是由格林尼治到格来乌散德，再回到格林尼治，英国派了前帆艇"金吉尔"号参加，荷兰派了后主桅艇"什护拉"号参加。随后，帆船运动传播到了英国在美国的殖民地。早期英国人沿袭了荷兰人的称谓，称帆船运动为"Yachting"。直到 1996 年，帆船运动才改名为"Sailing"，而"Yachting"则专指游艇运动。原因在于现代奥运会帆船比赛所使用的 7 种船型都是小型船，与游艇相比在大小、规格上都相去甚远，另外一个原因是为了消除大众对这一运动项目是富人和社会精英所独享的陈旧观念。

18 世纪，帆船俱乐部和帆船协会相继诞生，1720 年前后，英、美、瑞典、德、法、俄等国家先后成立了帆船俱乐部和帆船竞赛协会。1812 年英国创建了皇家帆船中队，1844 年美国成立了纽约帆船俱乐部。

1851 年，英、美举行了横渡大西洋的帆船赛，美国的"美洲"号帆船获得冠军奖杯。1857 年以"美洲杯"为名，创立了"美洲杯"国际帆船赛。美洲杯帆船赛事是历史最悠久、影响力最大、声望最高的帆船赛事，与奥运会、世界杯足球赛以及一级方程式赛车并列为世界范围内影响最大的四项传统体育赛事。目前美洲杯帆船赛的电视转播已经覆盖全球 200 多个国家和地区，观众累计达 29 亿。即便放眼整个体育界，美洲杯帆船赛也堪称历史悠久。1851 年，一艘代表纽约游艇俱乐部的帆船"美洲号"，同 15 艘代表英国皇家快艇舰队的帆船进行了一场比赛，就此开启了美洲杯帆船赛的历史。

1973 年，沃尔沃环球帆船赛正式创立，这是世界最高级别的环球帆船赛事，参加赛事是每一个期待环球航行的船员心中的梦想。该赛事每 4 年举行一次，是最艰苦的团体运动赛事之一，历经世界若干段严酷赛程，无论从技术还是耐力而言，对参赛者都是一个巨大的考验。不仅仅是赛程艰难，沃尔沃环球帆船赛也算得上是最昂贵的单项运动赛事之一，每一条参赛船的总投资都超过了 2000 万美元，背后都会有一家甚至几家大型公司的资助。所以在很多人看来，沃尔沃环球帆船赛不仅是参赛船员们挑战极限的角斗场，还是世界顶级大公司公关竞技的舞台。

1995 年，克利伯环球帆船赛由英国人罗宾·诺克斯·约翰斯顿爵士正式创立，其初衷是让更多的人参与到环球航海冒险活动中来。1996 年举办了首届克利伯环球帆船赛。

在英文中，"克利伯"为快帆船、多桅快帆船之意。35000 海里、历时 10 个月的航程，使克利伯环球帆船赛成为规模最大的业余环球航海赛事和世界最著名的环球航海赛事之一。克利伯船队目前已经拥有超过 120 万英里的海洋航行经验，成就了 250 多个环球航海家的梦想。

在发达的科技水平和专业的航海设备条件下，远洋航行不再仅仅是专业水手和权贵们的航海活动，而应该成为由大众参与的具有巨大潜力的新兴市场。所以在历届克利伯环球帆船赛中，除船长为职业帆船运动员外，其余船员均为业余帆船爱好者，这也成为克利伯环球帆船赛与其他众多国际赛事不同的地方。

2007 年 1 月，OC 赛事公司（OC 集团的子公司）创建了极限 40（欧洲）系列赛，世界最大的贸易基金管理公司一安硕公司成为 2007 ~ 2009 的冠名合作伙伴。随后三年间，极限 40 帆船赛发展迅猛，风靡欧洲，是国际帆联（ISAF）授予的特别赛事地位的四大赛事之一（其他三个是美洲杯帆船赛、沃尔沃环球帆船赛和世界帆船对抗赛）。

极限 40 帆船赛包括场地赛、巡回赛和团队赛，是惊险和刺激、智慧和能力、体育和娱乐的结合。比赛在每个城市进行 5 天，一般选择在具有世界地标建筑的旅游城市，如意大利威尼斯、法国巴黎，或者是具有帆船航海历史文化的城市。按照巡回赛的成绩，船队获得积分。全部巡回赛的积分决定年度名次。比赛使用三体船，速度快、惊险和刺激是极限 40 帆船赛的特点。

2. 世界帆船运动走进奥运

1896 年，第 1 届奥运会就把帆船列为正式竞赛项目，但由于天气情况恶劣，第 1 届奥运会的帆船比赛未能举行。1900 年第 2 届奥运会在法国巴黎举行，帆船运动共进行 7 个级别的比赛。被列入第 2 届奥运会之后，帆船运动无论是在规模上还是水平上都进入了一个快速发展的时期。除在美国圣路易斯举行的第 3 届奥运会没有帆船比赛外，其余的奥运会都有。

1908 年第 4 届奥运会起改为以艇身长度分级。1928 年第 9 届奥运会以前以重量或长度分型，如 0.5 吨以下级、0.5~1 吨以下级、12 米型、8 米型等等。早期奥运会比赛船型不固定，而现在的比赛已经按照级别严格区分，重量和尺寸都相似的船只归为同一比赛级别。

20 世纪 40 年代以后，由于工业的发展，造船及制帆材料得到不断的改进。尤其是玻璃钢的问世使船艇的造价降低，工艺水平提高，轻巧而小型的帆船逐渐替代老式帆船，这使帆船运动得以迅速普及。随之而来，在奥运会规定的比赛级别里，小型帆船也就逐步取代了大型帆船。随着比赛级别不断变化，船艇不断改进。1976 年，在第 21 届奥运会上，6 个级别比赛全部改成船体较轻小的帆船。

目前奥运会帆船比赛都采用奥林匹克梯形航线或是迎、尾风航线进行比赛。帆船原为男女混合项目，从 1988 年奥运会起，男、女分开设项。1988 年汉城奥运会设立了女子 470 级的比赛。1992 年，在巴塞罗那奥运会上，达到男、女共 10 个级别。

帆板运动的迅速发展引起国际体育组织的高度重视。1981 年帆板作为帆船的一个级别被接纳为奥运会大家庭的一员。1984 年洛杉矶奥运会第一次把帆板列为正式比赛项目。1992 年奥运会又增设了女子帆板项目。从第 23 届奥运会开始，帆板项目已经四易级别。第 29 届奥运会帆船比赛在中国青岛奥帆中心及周边水域成功举行，本次奥运会帆船帆板项目设 9 个级别 11 项比赛，NP 级作为新的帆板级别，分男子和女子两项。

（二）中国帆船及帆船运动

1. 中国帆船起源

公元前 2400 年 Deirel-Gebrawi 的墓穴中已有两脚桅杆、叉状桅脚的芦苇帆船形象，这绝非偶然，因为尼罗河上的航行条件很特殊，盛行风稳定地从北方吹来，逆流航行只需要升起桅杆、展开船帆，顺流而下时就把它们降下——这就是所谓的"机缘巧合。"处于风向多变的季风气候区且流向曲折的黄河、长江流域不具备这样的机缘。

1973 年在浙江余姚河姆渡出土的木桨残片，残长 63 厘米，宽 12.2 厘米，厚 2.1 厘米，该桨是 7000 年前船遗物，可认为是随着独木舟的出现而产生的。因此，我国船的出现在 5000 年华夏文明破晓之前，但是帆的出现具体时间还不能确定。

帆船的帆的出现具体时间，由于没有明确的物证，各学者也多有争论，但是目前更倾向于中国自己的帆船出现介于东汉中期至三国初，最可能为东汉末年，但 3 世纪初仍是不常见的观点。

2. 郑和下西洋，引领大航海时代

虽然，与古埃及和欧洲相比，我国帆船出现的时间较晚，但是，经过宋朝与元朝改进后，中国帆船于 15 ~ 17 世纪大量于中国近海出现，并且郑和下西洋这一明确历史事件，为我国航海史在世界航海历史上留下了浓重艳丽的一笔，中国也成为世界大航海时代的先驱。

明成祖朱棣命三宝太监郑和从太仓的刘家港（今江苏太仓市浏河镇）起航，率领 200 多艘海船和 2.7 万多人远航西太平洋和印度洋拜访了 30 多个国家和地区，曾到达过爪哇、苏门答腊、苏禄、彭亨、真腊、古里、暹罗、榜葛剌、阿丹、天方、左法尔、忽鲁谟斯、木骨都束等国家，最远曾到达非洲东部、红海和麦加，加深了明朝和南洋诸国（今东南亚）、西亚、南亚等的联系。

郑和下西洋是中国古代规模最大、船只最多（240 多艘）、海员最多、时间最久的海上航行，比欧洲多个国家航海时间早几十年，是当时世界有记载规模最大、航海最远的一次，是明朝强盛的直接体现。郑和的航行之举也远远超过葡萄牙、西班牙等国的航海家将近一个世纪，如麦哲伦、哥伦布、达·伽玛等，堪称是"大航海时代"的先驱，也是唯一的东方人，他更早于迪亚士 57 年远赴非洲。

郑和是世界历史上的伟大航海家。英国前海军军官、海洋历史学家孟兹斯（GavinMenzies）出版了《1421 年中国发现世界》，认为郑和船队先于哥伦布发现美洲大陆、大洋洲等地。1405 年之后的 28 年间，郑和七次奉旨率船队远航西洋，航线从西太平洋穿越印度洋，直达西亚和非洲东岸，途经 30 多个国家和地区，他的航行比哥伦布发现美洲大陆早 87 年，比达·伽马早 92 年，比麦哲伦早 114 年。在世界航海史上，他开辟了贯通太平洋西部与印度洋等大洋的直达航线。据英国著名历史学家、哈佛大学的李约瑟博士估计，1420 年间中国明朝拥有的全部船舶应不少于 3800 艘，超过当时欧

洲船只的总和。今天的西方学者专家们也认为，对于当时的世界各国来说，郑和所率领的舰队，从规模到实力都是无可比拟的。

3. 中国古代帆船主要类型

（1）沙船

沙船——历史最为悠久的一种船型，平底方艄方舱。在唐宋时期，它就已成型，成为我国北方海区航行的主要海船。因清朝康熙帝乘坐的帆船适于在水浅多沙滩的航道上航行，所以在明清时期称作沙船，也称作"防沙平底船"。它在江河湖海皆可航行，适航性特别强，宽、大、扁、浅是其最突出的特点。沙船的纵向结构采用"扁龙骨"，从而使纵向强度得到加强，横向结构则是采用水密隔舱的工艺，沙船纵横一体，抗沉性较好。同时，为提高抗沉性，沙船上还有"太平篮"。当风浪大时，从船上适当位置放下用竹编的其中装有石块的竹篮，悬于水中，可使船减少摇晃。但由于吃水过浅，不能作远海航行之用。

（2）福船

中国古代优秀船型，亦称"大福船"。福船是一种尖底海船，以行驶于南洋和远海著称，系明代一种巨型战船。明代水师以福船为主要战船。古代福船高大如楼，底尖上阔，艏艉高昂，两侧有护板，全船分四层，下层装土石压舱，二层住兵士，三层是主要操作场所，上层是作战场所，居高临下，弓箭、火炮向下发，往往能克敌制胜。福船首部高昂，带有坚强的冲击装置，乘风下压能犁沉敌船，多用船力取胜。福船吃水 4 米，是深海优良战舰。郑和下西洋船队的主要船型叫宝船，它采用的就是明代福船这种适于远洋航行的优秀船型。

（3）广船

船型因多在广东沿海制造而得名，它的基本特点是头尖体长，梁拱小，甲板脊弧不高。船体的横向结构用紧密的肋骨跟隔舱板构成，纵向强度依靠龙骨维持，结构坚固，有较好的适航性能和续航性能。历史上最著名的广船为"耆英号"，因曾到英国访问而闻名。

（4）老闸船（又称鸭屁股，lorcha）

1550 年前后在中国的葡萄牙殖民者发明出来的一种帆船。有传统中式帆装和流线型的西式船身，比传统中式帆船快，比西式帆船需要更少人手，建造维修也较简易。引发第二次鸦片战争的亚罗号即是一艘 Lorcha。

（四）中国帆船运动

1904 年德国人开始在青岛举办海上帆船比赛，1922 年欧美客居青岛人士在青岛成立帆船俱乐部，是中国第一个帆船俱乐部。我国 20 世纪 50 年代开展航海多项运动，其中就有舢板驶帆运动，1978 年我国才开始举办奥运会项目的帆船运动，当时只有 6 个省级代表队的二十几个运动员参加。1980 年我国第一次举行了全国帆船锦标赛，只设了"芬兰人"和"飞行荷兰人"两个级别。1983 年第一次把帆船项目列入第五届全国运动会的正式比赛。我国在 1979 年由国家体育总局青岛航海运动学校试制成功第一条帆板，在第四届全运会摩托艇比赛开幕式上作了成功的表演，获得了各方面的认可。1981年 8 月，在青岛举行了我国首次帆板竞赛。1982 年我国帆板运动员首次在第 9 届亚洲运动会上亮相，排名第四。2004 年国家体育总局批准中国海洋大学设立首个以主要招收帆船（板）项目的运动训练专业。2008 年我国女子帆板选手殷剑夺得北京奥运会冠军，2012 年我国女子帆船选手徐莉佳夺得伦敦奥运会冠军，2013 年我国首位单人不间断环球航海人郭川完成环球线路，平安归来。

中国帆船帆板运动协会始建于 1981 年 5 月 11 日，前身为中国航海运动协会（建于1964 年）。1983 年 11 月 24 日，国际帆联正式接纳中国为成员国。它是代表中国参加国际帆联的唯一合法组织，是具有独立法人资格的全国性群众体育组织，是中国奥委会承认的全国性运动协会。

二、帆船运动的文化

帆船运动文化是现代奥林匹克文化的一个重要组成部分，是帆船运动的灵魂，是实现帆船运动更快、更高、更强发展的精神支柱。对帆船运动文化进行探索与总结，不仅能够从理论上明晰帆船文化的历史脉络，而且对于把握帆船运动的核心价值、指导未来帆船运动的开展有着重要的现实意义。

（一）帆船运动的文化内涵

首先，帆船运动文化是人类创造的文化，它不是大自然形成的自在之物，是经过人创造、加工、改造的人化之物。其次，帆船运动文化是一个总括性的概念，它反映了帆船运动在发展过程以及相关各种社会行为方面的总和，体现的是物质文化、制度文化和精神文化的辩证统一，也是不同层面文化因素之间的有机整合。最后，帆船运动文化主要是肯定帆船运动精神性，通常人们接触帆船运动，最先感受到的是帆船运动文化物质层面的东西，但深层的东西是精神文化，只有通过对帆船运动文化精神层次的分析，才能客观地了解帆船运动文化。

（二）帆船运动的文化结构

帆船运动文化作为一种文化体系，有其层次结构，这种层次结构与其他文化体系有着相似之处。从纵向上看，帆船运动文化的结构可以分为物质层、制度层和精神层；从横向上看，帆船运动文化可以分为航海文化、奥林匹克文化和商业文化。

（1）纵向结构

①物质层是帆船运动文化的最外层，它是与帆船运动文化有关的各种可视的文化表象，帆船运动装备、场地、建筑以及帆船运动员的服饰等都属于物质层面的范畴。随着科学技术的不断发展，帆船运动装备的发展方向在全世界基本趋于一致。例如，目前帆船主要包括 2 种船体：单体和多体。在帆船船体之上的器材主要包括帆、桅杆和索具。

帆船运动员的着装主要包括救生衣、帽子、眼镜、防滑鞋、航海手套等。虽然，帆船运动装备的发展方向在全世界基本趋于一致，但是帆船运动员的服饰、帆船运动的建筑、风帆的图案等在不同的国家却呈现出对帆船运动不同的理解。随着帆船运动的不断发展，帆船运动的物质文化开始被广泛传播，服装设计师从帆船运动员的着装中获取灵感，设计各种时尚服装。艺术家把风帆、船体、桅杆等图案设计进邮票、磁卡、明信片、挂历、纺织品等工艺品中。帆船运动中的海景图、帆船模型、帆船画也被设计成家庭装饰。帆船运动文化的物质层为制度层和精神层文化提供了有力的载体。

②制度层是帆船运动文化的浅层文化，主要包括帆船运动机构、帆船赛事、各项规章制度以及帆船观赛礼仪等。建立帆船机构和规章制度是帆船运动得以有序进行的重要手段。国际上的帆船组织机构主要包括国际帆船联合会、亚洲帆船联合会等，中国负责管理和开展帆船运动的机构是中国帆船帆板运动协会，它是中华全国体育总会的团体会员，是中国奥林匹克运动委员会承认的全国性运动协会，是具有独立法人资格的全国性群众体育组织，是全国帆船帆板运动的领导机构，是代表中国参加国际帆船组织的唯一合法组织。世界帆船赛事主要包括奥运会帆船赛、"沃尔沃"环球帆船赛、世界帆船锦标赛等。在帆船比赛中需要执行一套较为复杂的航行规则，帆船航行规则要比陆上的交通规则复杂得多。主要包括《竞赛规程》《航行细则》《规则案例分析》《级别规则》等。通过制度文化可以看出人们对于帆船运动发展方向的诉求。

③精神层是帆船运动文化最核心的一层。精神层文化主要是指帆船运动所秉持的理念，所倡导的精神，所推崇的价值观等。精神层是帆船运动文化的根本所在，任何物质文化、制度文化都是精神文化的体现和反映。在精神层面上，帆船运动首先体现出了人类对于海洋的征服和挑战。帆船运动是风、水、人、船的完美结合，是充满活力的运动。帆船运动是一项非常耗费体力的运动，帆船运动员要根据风向、风速、气象、水文等因素的变化，及时做出调整，对船员在艰苦环境中的耐受力，要求很高。因此，帆船运动更是一项在与风浪搏斗中，考验帆船运动员耐力和意志力的运动。其次，帆船运动体现了一种开放和包容的精神。帆船运动文化所处的文化环境是一种海洋文化环境，"海纳百川，有容乃大"是海洋文化的一个重要特征，也是帆船运动文化的重要支撑，也是帆船教学的重要理念。帆船运动文化的真谛意味着一种眼光，一种胸怀，一种不安于现状、勇于开拓、不断进取的精神。再次，帆船运动文化是一种创新文化。大海亘古常新，大海具有恒定和变动两种特性。在每一次帆船运动中，帆船运动员都要面对不同的海上环境，这就要求帆船运动员不能抱残守缺，必须着眼于前进，着眼于未来，以一种创新的精神面对风浪的洗礼。

（2）横向结构

①奥林匹克文化。帆船运动作为奥林匹克运动的一个重要部分，其文化的一个侧面反映了奥林匹克文化。帆船运动作为奥林匹克项目之一，从第1届现代奥运会开始就承载了奥林匹克的精神和理想。帆船运动所表现出的不畏艰难、勇于拼搏，敢于冒险、大

胆创新的精神就是对奥林匹克宗旨的最好诠释。通过帆船运动的这些精神影响着一代又一代的年轻人，使奥林匹克运动的精神实质贯穿到青年人的观念世界，并通过对青年人观念世界的感染，来改变青年人的行为，进而改变青年人的生活方式，形成青年的思维习惯，转化成一种精神信仰，也使帆船运动文化的延续性更加显著。

②航海文化。从本质上讲，帆船运动是一种航海活动。航海文化是伴随着航海活动的开展而产生的，是人类文明发展的产物。航海文化融入航海活动和航海者的行为中。自从有了航海活动以来，航海者在漫长、曲折和充满风险的航海实践过程中，创造了丰富的物质财富和精神财富。这些物质财富和精神财富就形成了航海文化。因此，航海文化和航海活动是相互依存、共生共长的。帆船运动源于帆船航海实践活动，经过娱乐化和竞技化，航海帆船独立成为今天体育运动的帆船。文化的发展可以分为自发阶段和自觉阶段。自发阶段的航海文化是随着航海活动自然而然的发展，而自觉阶段的航海文化是人们主观有意识地去创造文化、建设文化。从航海帆船独立到运动帆船的过程，实际上就是人们自觉地建设航海文化的过程。迄今为止，帆船运动形态和精神实质反映出的是航海文化的内涵，而帆船运动本身也在不断地丰富和创造着航海文化。

③商业文化。商业文化是帆船运动文化的一个重要侧面。每只帆船上面都有两条绳索是广告绳。由于现在的体育运动商业化程度提高，以运动项目为核心的各种体育产业链产生了巨大的经济价值。帆船运动作为一种时尚运动，由于其耗资高、赛程长、科技含量高等特点，在体育产业中的地位也是相对较高的。由于帆船运动的广泛开展，各个国家的商业文化也体现在帆船运动文化之中，随着帆船运动国际交流的加强，帆船运动商业文化的差距也在不断地缩小，因此，各个国家的帆船运动商业文化在帆船运动文化体系中的位置也日趋重要，帆船运动商业文化的生命力也呈现出了越来越强的态势。

通过体育赛事来带动城市的发展，提高城市的知名度，已经成为打造城市品牌的重要手段之一。帆船运动作为一种航海文化，通过开展帆船运动、赛事来打造沿海城市的品牌，其重要作用是不言而喻的。青岛作为2008年北京奥运会帆船比赛的举办地，通过奥帆赛大大提高了城市的国内、国际知名度，"中国帆船之都"的美誉更是成为青岛市的城市名片。在青岛作为"中国帆船之都"的示范效应下，我国的许多沿海城市都开始关注利用帆船运动来打造城市的品牌，这使得帆船运动文化的动态发展中，航海文化和城市品牌文化相结合的趋势更加显著。

第二节　帆船比赛规则

一、帆船运动简介

奥运会和小型帆船的世界锦标赛都采取航线赛的比赛形式。参加同一项目比赛的船统一起航。一场比赛一般进行 11-12 轮，每轮比赛第一名得 1 分，第二名得 2 分，依此类推。去掉一至二轮最差成绩后，按各轮成绩的积分之和排出最终的名次，得分最少者为优胜。每轮比赛一般要进行 40 分钟至 2 小时。比赛期间，竞赛委员会根据每天的风力条件，安排 2-3 轮比赛。采用的比赛航线多为奥林匹克梯形航线，该航线包含了迎风、横风和尾风航程。此外还有三角形航线和香肠形航线。出于对气象与安全的考虑，竞赛委员会可以根据风力大小减少比赛轮次。

帆船比赛在水上相遇时要执行一套比陆上交通规则复杂得多的航行规则。运动员要想取得好成绩，就要熟通一本 131 页的竞赛规则（英文简称 RRS）、一本 95 页的规则案例分析和一本 20 页以上的级别规则。赛前还要研究另外两份规则文本——竞赛规程（NOR）和航行细则（SIS）。如何利用规则压制对手，使自己获胜是运动员与教练员需要潜心研究的重要课题。帆船竞赛规则主要包括航行规则、竞赛实施规则和抗议审理规定三大部分。这个规则每 4 年于奥运会后修订一次。国际帆联还发行规则解释，包括每年发生的案例，都是遵照最新的规则修改编印的。

航行规则中最常用到的是：左舷来风的帆船要避让右舷来风的船；处于上风位置的船要避让下风的船；当遇到航线浮标或障碍物时，后接近该物体的船要避让已经接近该物体的船，处于外侧的船要避让内侧的船。竞赛实施规则主要规定了竞赛的组织与管理规范，如起航方法与信号通知的方法等。抗议审理规定主要是解决运动员在水上相遇与相碰而产生纠纷或者犯规的一整套裁决方法。

二、帆船比赛场地

帆船正式比赛要求在开阔的海面上进行，距海岸应有 1 ~ 2 千米。比赛场地由 3 个浮标构成等边三角形，每段航线长不少于 2 ~ 2.5 海里。起航线和终点线均采用两个标志之间的连线，其宽度为 100 ~ 200 米，根据参赛帆船的数量适当增减。另一种计算起航线长度的方法是以参加竞赛帆船数乘以船长度再乘以 1.25。起航线与终点线应平行，第 1 标号与风向线应互相垂直成 90 度角。

（一）奥林匹克场地

（1）三角形航线

这是一种在 20 世纪沿用时间较长的竞赛项目，它直到 20 世纪 80 年代末期才被替代。三角形场地的内角为 45 度、90 度、45 度或 60 度、60 度、60 度。全航程是：起航—1—2—3—1—3—终点。

（2）P 形航线

这是 20 世纪 80 年代末 90 年代初在奥运会和国际大赛中使用的一种场地。这种航线一般全航程是：起航—1—2—3—4—5—1—2—3—4—终点。

（3）不规则四边形

这是 20 世纪 90 年代中期开始沿用至今的比赛航线。其外航线全航程是：起航—1—2—3—2—3—终点；内航线全航程是：起航—1—4—1—2—3 终点。

（二）障碍赛航线

该航线全航程是：起航—1—2—3—4—5—6 终点。

（三）长距离赛

竞赛航线视情况而定。帆船比赛在开阔的海面上进行，比赛为绕标航行，组织指挥采用国际旗语传达命令，红旗表示按顺时针方向绕标，绿旗表示按逆时针方向绕标，P字旗表示 5 分钟预备。航行中不按规定绕标，视为未完成比赛；碰撞标志，判罚绕该标志 360 度；碰撞他船，判罚原地旋转 720 度；比赛共进行 7 场，取其中成绩最好的 6 场得分之和评定总分，总分最少者为优胜。

三、帆船航程的竞赛次序

全航程的竞赛次序是：起航后绕 1、2、3 标志，再绕 1、3 标志到达终点；缩短航程的竞赛次序是：起航后绕 1、2、3 标志到达终点。帆船比赛实际距离为起航、航行和终点三部分。全航程为 18000 米，缩短航程为 10000 米。

四、帆船竞赛项目与计分方法

帆船比赛项目有三角绕标和长距离航行赛。奥运会、世界帆船锦标赛和中国帆船锦标赛都采用短距离三角绕标航行。直线航程约为 28 千米，共比赛 7 场，选其中最好成绩的 6 场计算每条帆船的名次，按每场竞赛的名次得分总和来评定成绩，没有被取消资格、没有被封闭在终点线外的帆船，每场各名次的得分分别为：第 1 名 0 分、第 2 名 3 分、第 3 名 5.7 分、第 4 名 8 分、第 5 名 10 分、第 6 名 11.7 分、第 7 名和以后名次是排列的名次数再加上 6。帆船到达了终点，如因犯规被取消竞赛资格或被封闭在终点线外的帆船，其名次得分为参加该次竞赛的帆船总数加倍。每条帆船在每场的名次得分相加就是该船的成绩，总分最少者为优胜。

第六章　龙舟运动

第一节　龙舟运动概况

作为中华民族龙文化的一个载体，龙舟竞渡扮演着重要的角色，"她"从民俗文化中走来，如何才能从"民族的"变成"世界的"，让世界大众认同？将龙舟竞渡活动体育化，是这项活动得到快速推广的不二选择。中国人是龙的传人，中国就像一条腾飞的龙，中国的群众体育就是"龙体育"。国家体育总局原副局长、中国奥委会原副主席张发强提出"龙体育"的概念，认为龙舟、舞龙，都是中国的传统文化、传统体育项目，在国际上很具影响力。水里划龙舟，陆地舞龙狮，天上放龙筝，那就是"龙运动""龙体育"。龙舟运动，在这个"龙体育"的概念中，无疑有着举足轻重的位置。中国的体育飞速发展，从龙舟开始，一直延伸到民族民间体育、竞技体育。作为一项运动，龙舟有着其他项目无法比拟的内涵它历史久远，流传广泛，保持着浓厚的民族特点和风格，体现了"龙的传人"同舟共济、奋力拼搏、勇往直前的精神。民族的才是世界的，中国民间的体育项目，备受喜爱，值得弘扬。

一、中国龙舟运动

（一）中国龙舟运动概况

由于历史的原因，20 世纪 70 年代之前，尽管龙舟在中国有着广泛的群众基础，但在龙舟文化的传承和国际化发展方面则较为滞后；1978 年底，中共中央召开十一届三中全会，打开了国家改革开放的大门。随着中国社会主义现代化经济建设的复苏，龙舟的竞赛和对外交流逐渐频繁，并且在国际赛场上一鸣惊人。1984 年，广东农民龙舟队参加在香港举行的国际龙舟邀请赛，取得优异成绩。同年 6 月，顺德、东莞两支农民龙舟队赴香港参加香港"市政杯"龙舟邀请赛，击败美国、英国、日本、新加坡、澳大利亚、泰国和中国香港、澳门等强手，顺德队夺冠，东莞队获得亚军。在同时举行的有 16 支队伍参赛的第九届香港国际龙舟邀请赛中，东莞队夺冠，顺德队获得亚军。第一次赴港参赛的内地龙舟队，闪亮登上国际龙舟赛场，让封闭千年的中国龙舟走出国门，在云集了全世界 20 多个国家和地区的龙舟强队、代表着当时世界最高水平的国际赛上一举夺魁，扬名海内外。

1984 年 3 月 6 日至 7 日，在广东省佛山市召开了龙舟工作会议。参加会议的有广东、广西、湖南、湖北、福建、浙江、四川等 18 个省以及自治区的代表，大会认为，中华人民共和国已经成立 30 多年，为了振兴中华民族的传统体育，龙舟运动应该全国统一规范。与会代表一致通过了直接举办全国龙舟比赛，并将全国龙舟赛命名为"屈原杯"的决定。1984 年 9 月 16 日，广东省佛山市顺德龙江两岸彩旗招展，锣鼓喧天，20 万观众笑语欢声，一片欢腾。这是中国龙舟史上值得记住的日子：首届全国"屈原杯"暨广东省"丰收杯"龙舟赛开幕了。参加本届全国"屈原杯"赛的有四川、浙江、湖南、湖北、福建、云南、广西、贵州、安徽、江西、广东一队、广东二队和澳门 13 支男子龙舟队。比赛项目为 1000 米直道竞速。同时，广东省体委还举办广东省"丰收杯"龙舟赛，参赛队伍来自珠海、江门、中山、韶关等市及广州市郊区、黄埔区以及增城、清远、番禺、南海、三水、顺德、高明、新会、鹤山、斗门、开平、高要、东莞等县。顺德区代表广东获得全国"屈原杯"冠军，并获得广东省"丰收杯"冠军。

这次全国龙舟赛事在广东试点，是摸着石头过河，主要是为了探索组织群众体育竞赛的方法，积累经验，改变千百年以来中华龙舟竞渡只限于在民间乡土水域开展的局面，尽管这次比赛出现了一些问题，比如裁判员没有经过培训，水平不高；领队能力不强；器材不统一，造成了竞争的条件不均等、机会不均等；群龙无首，全国没有一个龙舟协会，没有统一的领导机构和贯穿下去的机制，必然出现指挥系统的失灵等一系列问题，但是全国十几个省、自治区的队伍汇聚一堂，正式使用了全国统一的龙舟竞赛规则，比赛有始有终，产生了全国比赛的冠军队，这在中国几千年龙舟竞渡史上还是破天荒的第一次，是龙舟运动一次重大的、历史性的突破。

中国古老的龙舟运动由此宣告进入新的发展阶段。

1985 年 6 月 5 日，中国龙舟协会在湖北宜昌成立，中国第一次有了全国性的龙舟组织，结束了长期以来群龙无首的局面；同年，中国第一本《龙舟竞赛规则和裁判法》出版，全国第一批龙舟裁判员批准命名。

1988 年，中国第一个由地方政府举办的国际龙舟邀请赛在厦门举办；1992 年，中国龙舟协会第一次主办的国际龙舟邀请赛在江西九江举办；同年 9 月，世界上第一个长距离 75 千米的国际龙舟拉力赛在湖北宜昌长江三峡成功举办。

1993 年，由国家体委、国家旅游局和中国侨联联合主办的国际龙舟系列赛暨第一届"炎黄杯"世界华侨华人龙舟系列赛，历经 12 天，分别在岳阳、九江、北京三站举办。比赛规格之高、规模之大、活动之丰富，受到国际龙舟界的关注和肯定。

1994 年，由亚洲龙舟联合会主办、中国龙舟协会承办的第一届亚洲龙舟锦标赛在广东肇庆举办，中国队包揽了全部比赛 4 项冠军。

1995 年 6 月，由国际龙舟联合会主办、中国龙舟协会承办的第一届世界龙舟锦标赛在湖南岳阳举办，中国队囊括了全部比赛 8 枚金牌，这也是迄今为止无人打破的世界纪录。

2000 年，世界上第一个国际大学生龙舟邀请赛在天津举办。

2000 年，在四川绵阳市举办的第四届全国农运会上，首次列入了龙舟比赛项目，开创了在国内综合性运动会上设立龙舟比赛项目的新局面。

2001 年，世界上第一个冬季龙舟赛在吉林市零下 28 摄氏度的气温下举办。

2005 年，四川绵阳市举办的第二届全国体育大会上，首次列入了龙舟比赛项目。

龙舟项目迅猛发展，最终被正式列为全国综合性比赛项目。

国内的"南舟北移"进程有了可喜的、长足的发展，改变了千百年来龙舟运动局限在长江以南水域密布的 10 多个省区市开展的状况，参与的人群也由水乡的农民为主扩大到城市的各类人群，其中包括年轻的知识人群及学生。北京、天津、辽宁、吉林、黑龙江、山东、宁夏、陕西、甘肃、新疆等地陆续开展各种特色、各种规模的龙舟比赛。

（二）载入史册的龙舟盛事

龙舟竞渡习俗不断地营造和渲染着一种浓郁的乡土文化氛围。在这种潜移默化的文化氛围中，一种共同的精神和气质就会不知不觉地融入每一个龙的传人的血液和骨髓之中。当海外华人看到蛟龙飞舞，听到具有鲜明民族特色的喧天锣鼓时，就会自然而然地产生一种"我们是中国人"的民族认同感，这也正是世界上凡有华人的地方就一定会有龙文化习俗传承的根本原因之所在。

龙舟盛事——首届"炎黄杯"世界华侨华人龙舟系列赛，就是要让侨居海外的华侨华人增强民族归属感和认同感。这是一次由国家体委、中国侨联及国家旅游局联合主办的，规格高、内涵宽、规模大、"大兵团协同作战"的宏大活动。五大洲的华侨华人以"炎黄子孙"的名义，云集中国，共赛龙舟。比赛分岳阳、九江、北京三站进行。

"炎黄杯"世界华侨华人龙舟系列赛有一个灿烂的序幕——火炬传递仪式。采集火种的队伍分为两支，一支在陕西的黄帝陵前祭奠和采集火种，一支在湖南的炎帝陵前祭奠和采集火种。然后，两支队伍经过长途的汽车拉力，在开幕式当天聚首，共同点燃"炎黄杯"世界华侨华人龙舟系列赛的主火炬点火仪式在湖南的炎帝陵前举行，由杂交水稻之父袁隆平在此点燃火种，龙舟热从湖南的岳阳传递到江西的九江，最后在北京十三陵水库闭幕。

1993 年 8 月 15 日，"炎黄圣火"分别在陕西黄陵县的黄帝陵和湖南炎陵县的炎帝陵，采用燧石摩擦、钻木取火点燃，然后由 40 台国产名牌汽车组成的车队护送传递。

圣火队途经陕西、河北、湖北和湖南四省的 40 个县市，跨黄河、越长江，分南北两路向岳阳进发。圣火所到之处，无一不在当地引发全民健身的热潮。8 月 20 日圣火进入岳阳境内，沿途十多公里路旁，彩旗飞舞、鞭炮齐鸣、锣鼓震天，自发欢迎的人群把国道拥堵得水泄不通，车队只能在人群的夹缝和鞭炮的烟雾中穿行。沿途还设立了若干个圣火传递站，所经之处各个乡镇的负责人都出来传递圣火。上午 10 时 48 分，炎、黄两路圣火胜利会师岳阳市区黄姑塘。一时间，21 响礼炮冲天而起，2000 面龙旗夺目而出，2100 发地面组合弹惊天动地，市领导庄严地接过两路圣火，将它传递到岳阳运动员手中。

8 月 22 日，首届"炎黄杯"世界华侨华人龙舟系列赛在南湖开幕。南湖赛区最为精彩、最具特色的是彩船游湖表演，它是画龙点睛之"睛"，南湖诗篇之"魂"。只见 32 艘大小各异的彩船分成 7 组，依次在南湖亮相。这 7 组的主题分别是："欢庆锣鼓""炎黄组曲""汨江颂歌""华夏旌旗""荷花仙子""奥运五环"和"龙狮欢腾"。

当第一个船组一亮相，两岸就沸腾了。但见船上祥龙火焰四射，凤凰吐雾吞云，船中大鼓悬立，身着古装的鼓手并立船头，奏响了具有楚湘音韵的激情锣鼓，宣泄着屈原后人代代相传的轩昂气质。

第二组船上，5 米高的炎帝塑像是红色的，因为相传他是太阳的化身；而同样高大的黄帝塑像是黄色的，因为他代表着黄河流域的祖先。黄帝的船上还有参天古木，以此营造黄帝率人造独木舟的意境。

"汨江颂歌"由 5 艘船排成箭形，象征屈原忧国忧民，如箭穿心。走在最前面的是"屈原问天"，10 米高的屈原像傲立船头，撼人心魄。

"华夏旌旗"的 5 艘船中，有龙盘虎踞，象征江山稳固；有二龙戏珠，表达盛世丰年；更有古装武士以十八般兵器演练，诉说着中华民族是一个不可战胜的强大民族。

"荷花仙子"船队的意境与前组形成了鲜明对比，美得让人如醉如痴。洞庭湖上的"仙子"们婀娜起舞，天真活泼的"神童"抱着硕大的鲤鱼，寓意洞庭湖五谷丰登，年年有余，真乃人间天堂！

"奥运五环"表达了华夏儿女申办奥运的决心和走向世界的勇气。

而压台大戏"龙狮欢腾"把舞龙舞狮创造性地搬到了船上，演到了湖中。但见金狮起舞，群龙欢腾，二龙抢珠，好似大湖生瑞气，祥云落九天，看得中外游客如痴如醉，笑声、掌声、喝彩声如洞庭波涛，一浪高过一浪。

《人民日报》也及时报道了此次意义非凡的活动：新华社长沙 8 月 22 日电（记者曹光晖）：炎黄杯世界华侨华人龙舟系列赛，今天下午在风景秀丽的湖南岳阳市南湖举行了盛大的开幕式及大型表演活动。此次大赛是世界各地炎黄子孙欢聚一堂，融体育、文化、经贸、旅游于一体的大型国际龙舟盛会，共有澳大利亚、法国、意大利、新加坡、中国香港、中国澳门、中国台湾等国家和地区的 17 支男女龙舟队参赛，其中境内队有5 支。

根据组委会安排，参赛各队首先在岳阳举行男女 1000 米直道竞速赛，接着移师江西九江举行 800 米直道竞速赛，最后在北京九龙游乐园举行 600 米直道竞速赛，比赛共历时 12 天。对龙的崇信和敬畏，早已潜移默化变成了中华民族的集体无意识和族类认同感，流淌在每一个中华子孙的血液里，成为我们民族世代相承、绵绵不绝的精神血脉和文化基因，以至于我们普遍以"龙的传人"自居。可以说，龙的神话与信仰，作为中华民族自我认同的宏大叙事和伟大传统，深刻地塑造了中华民族的民族性格和历史命运，因此，透彻地理解龙崇拜和神话的内容，对于中华民族的自我理解至关重要。中华民族在长期的历史积淀中形成的灿烂的龙文化，对每一位"龙的传人"所产生的文化影响力，使得中华儿女一代一代自觉地将"龙体育"的习俗传承下去，甚至影响到了长期在海外的华侨华人，这一点也充分显示出龙文化习俗强有力的同根性、凝聚性。

二、国际龙舟运动

随着华侨华人在世界范围的迁移，龙舟被带到世界各地，现在发展到世界各大洲许多国家和地区常年开展比赛。中国的龙舟文化习俗演变成为一个世界性的现代体育项目，寄托了海外游子对祖国的思念之情，也成为既有东方神韵又符合西方审美价值的一项体育运动，由此印证了中华民族传统体育是世界各民族文明的一部分，具有共性文化的表征，是文化交流的切入点之一。龙舟竞渡，成为实现相互沟通和理解的最直接的办法。

（一）国际龙舟运动概况

1976 年，在香港渔业总会会长黎国驹先生的提议下，香港旅游协会和香港渔业协会举办了第一届国际龙舟邀请赛，这是世界上第一个国际龙舟赛，尽管只有日本一支外国队参赛，但这次比赛成为龙舟运动国际化、竞技化发展的开端，被载入了史册，这次国际比赛的影响力和辐射作用是巨大的，让参加比赛的各国龙舟选手以及海外的华侨华人对龙舟运动的喜爱增加，他们把龙舟运动技术带到了世界各地，成为龙舟运动的传播者、比赛的主办者、龙文化的推广者。此后，陆续有马来西亚、新加坡、泰国、印度尼西亚、英国、德国、意大利、美国、加拿大、澳大利亚、新西兰、南非，以及澳门和台湾等全世界五大洲的国家和地区，举办了各种国际龙舟赛事，有的逐渐和香港国际龙舟邀请赛一样每年都举办的、有影响力的传统龙舟赛事。这些赛事大大推动了龙舟运动的国际化、竞技化发展进程。

1991 年，在香港国际龙舟赛举办期间，成立了国际龙舟联合会筹备委员会。1991 年 6 月 24 日，国际龙舟联合会在香港正式成立。成立大会上，时任中国龙舟协会主席、国家体委副主任路金栋当选为名誉主席。2001 年，国际龙舟联合会秘书处由香港移至北京。中国作为龙舟运动宗主国的地位和作用愈来愈凸显。

2007 年 4 月 27 日，国际单项体育联合会总会代表大会在北京召开，会议同时表决同意国际龙舟会为国际单项体育联合会总会的正式成员，这也代表着龙舟这个项目在国际上获得更广泛的认同和支持。国际龙舟联合会大量地吸收会员协会，已经发展到了 80 多个国家和地区。其间还有一段插曲：实际上，国际单项体育联合会一直对"龙舟"与"皮划艇"存在争议，最终，国际龙舟联合会和国际皮划艇联合会友好地解决彼此的纷争。在一份双方的备忘录中写道："1995 至 1997 年期间，第一届世界龙舟锦标赛于 1995 年在中国岳阳举办。国际龙联的成员发展到 5 大洲的 30 个成员。国际龙联第一次申请取得国际奥委会的承认和加入世界体育大会。第二届世界龙舟锦标赛于 1997 年在中国香港举办。1999 年国际龙联申请加入国际单项体育联合会。第三届世界龙舟锦标赛在诺丁汉举行。国际龙联已拥有来自 5 大洲的协会会员。会议期间中国上海成功申办第五届世界龙舟锦标赛……"尽管国际皮划艇联合会自称为龙舟的国际联合会，但是国际龙舟联合会仍然是被世界单项体育联合会认可的国际龙舟运动管理机构。龙舟运动终于以其自身固有的影响力征服了世界。

经过二三十年的运作，中国在国际龙舟界的影响力随着中国龙舟运动的普及和开展水平的提高而得到扩大，地位和威信得到大幅度的提高，在国际龙舟事务中愈来愈起到举足轻重的作用。

（二）国际龙舟组织

1. 国际龙舟联合会

国际龙舟联合会（International Dragon Boat Federation，IDBE）简称国际龙联，于 1991 年 6 月 24 日在香港成立。成员有来自澳大利亚、英国、印度尼西亚、意大利、马来西亚、挪威、菲律宾、新加坡、美国以及大陆、台湾和香港等地区的龙舟协会共 85 个。麦克哈森莱姆当选首任秘书长，秘书处设在香港（2001 年移至北京）。

国际龙舟联合会的成立，旨在保护和传承龙舟运动的历史和民族信仰传统，促进世界范围内龙舟竞赛的推广和发展，确保遵循国际龙舟联合会的比赛规则，鼓励国际龙舟赛事的组织者对其所有成员俱乐部开放，维护竞赛精神，积极吸收成员国际龙舟联合会不仅对国际竞技龙舟拥有管辖权，同时也对亚洲、非洲、美洲和大洋洲的传统划船比赛具有指导作用。

国际龙舟联合会无权干涉纯属各个国家或地区龙舟协会内部的事务，其成员协会享有完全的自主权国际龙舟联合会的正式会员须在该国或地区拥有大多数龙舟俱乐部或队伍，并被该国或地区体育总会确认其作为独立体育管理组织的地位，其章程与国际龙舟联合会保持一致，并承诺遵守国际龙舟联合会的章程和比赛规则。

国际龙舟联合会的管理机构包括会员代表大会和理事会。会员代表大会是国际龙舟联合会的最高权力机构，通常每两年在世界龙舟锦标赛举办期间在赛事举办地召开一次普通代表大会。理事会由执行委员会、洲际代表、各专项委员会主席组成。

理事会的职责包括：确保会员代表大会决议的实施；确保国际龙舟联合会组织和授权的赛事保持一定的水平；监控国际龙舟联合会的章程、细则、比赛规程和规则的执行情况；根据各专项委员会主席的提议，与有关的管辖协会协商后，任命各专项委员会成员；根据章程批准比赛规程和规定。

执行委员会负责国际龙舟联合会的日常事务，执行委员会职责包括：确保由一位主席或会员代表国际龙舟联合会；确保将国际龙舟联合会的信息传达给会员；准备并发布代表大会会议通知；负责国际龙舟联合会行政和财务管理；对在国际赛事中违反竞赛规程和比赛规则、拒绝服从指挥、行为或言语不当的俱乐部官员或参赛选手施以处罚；对国际龙舟联合会章程、细则、竞赛规程和比赛规则等拥有解释权和最终裁决权。

国际龙舟运动的相关定义：

按照制作龙舟的材料来划分：木龙舟、玻璃钢龙舟、复合材料龙舟。

按照大小来划分：标准龙舟及小龙舟。标准龙舟上舟运动员为 22 ~ 23 人，其中划手 20 名，鼓手 1 名，舵手 1 名；如按照某些地方的传统需要再设立锣手 1 名。小龙舟上舟运动员为 12 名，其中划手 10 名，鼓手 1 名，舵手 1 名。

按照传统来划分：根据区域民俗特点不同，龙舟造型在头尾设计方面包括凤舟、象牙舟、龟舟、虎头舟、牛头舟、天鹅舟、蛇舟等形状均可保留原有规格和名称，但类似划龙舟动作，均可统称为龙舟运动。

国际上著名赛事：

国际龙舟联合会为其承认的各国或地区的代表队举行世界锦标赛。在单数年举办世界龙舟锦标赛，在双数年举办世界龙舟俱乐部锦标赛。

世界龙舟锦标赛只限国家龙舟队参加，每一个国家的所有参赛队伍合称为"国家队"，比赛必须至少有六支国际龙舟联合会正式会员的国家队伍参加方可举办。

世界龙舟俱乐部锦标赛只限代表龙舟俱乐部的赛队参加。赛队必须以俱乐部名义、着俱乐部服饰参赛，不得享有国家队地位。比赛必须至少有六支国际龙舟联合会正式会员或基本会员的俱乐部赛队参加，方有资格将比赛级别定为锦标赛。

国际龙舟联合会下设洲际龙舟联合会，每个联合会每两年举办一届洲际锦标赛。亚洲龙舟锦标赛、欧洲龙舟锦标赛举办时间均为双数年。

2. 亚洲龙舟联合会

在国际龙舟联合会已经成立的前提下，建立一个与之相应的亚洲级龙舟组织是顺理成章的。1992 年 8 月 23 日，这个有 11 家会员协会的洲际龙舟组织正式成立，名称为亚洲龙舟联合会（Asian Dragon Boat Federation，ADBF）。发起的国家和地区有日本、中国、马来西亚、新加坡、中国台湾、中国香港、中国澳门、泰国等。在成立大会上与会代表选举了联合会领导机构成员，并同意将亚洲龙舟联合会秘书处设立在中国北京。刘吉被推选为亚洲龙舟联合会的首任主席。2012 年，亚洲龙舟联合会的总部落户中国佛山。

亚洲龙舟联合会的权限为管辖龙舟竞赛运动：它在国际龙舟联合会的指导下，在亚洲和大洋洲地区独立而有组织地发展龙舟运动。亚洲龙舟联合会的宗旨和目的如下：

（1）维护和发扬龙舟竞渡的亚洲和大洋洲文化、历史和民族之传统。

（2）作为一种体育运动在亚洲促进和发展龙舟竞渡，包括传统龙舟的竞渡运动，并推进无龙舟竞渡的国家和地区发展这一运动和建立龙舟协会。

（3）确立亚洲锦标赛实施适合于龙舟竞渡运动发展的比赛规则。

（4）制定竞赛日程。在亚洲和大洋洲地区举办向所有会员协会开放的锦标赛和国际比赛。

（5）举办向所有会员协会开放的教练员和裁判员训练班。

（6）应邀协助在本地区所有的龙舟比赛、会议及其他有关的活动。

（7）根据会员协会的建议，向国际龙舟联合会提出议案，以完善龙舟竞渡运动。

（8）收集会员协会信息和在会员协会之间交流关于龙舟比赛的情况，以鼓励龙舟竞渡的普及和发展。

亚洲龙舟联合会不许有政治、信仰或种族歧视，亚洲锦标赛只在那些保证所有会员协会均可参加的国家和地区举办。亚洲龙舟联合会不得介入纯属国家或地区性的问题，它须允许其会员协会行使自治权。

从1994年开始，亚洲龙舟联合会每两年举办一次亚洲锦标赛。

亚太地区著名的龙舟赛事有：香港国际龙舟邀请赛、澳门国际龙舟邀请赛、槟城（马来西亚）龙舟邀请赛、泰国龙舟国际邀请赛、日本国际龙舟锦标赛、悉尼国际龙舟邀请赛、加拿大多伦多国际龙舟邀请赛等。

在亚洲，龙舟运动迈向奥运的步子走得较快，亚洲龙舟联合会作为独立的体育运动组织管理机构被亚洲奥林匹克运动理事会所承认。同时也意味着，龙舟运动是亚洲所有综合运动会中的正式比赛项目。

3. 欧洲龙舟联合会

欧洲龙舟联合会（European Dragon Boat Federation，EDBF）于1990年5月15日在比利时梅赫伦的Hazewinkle水上运动中心举行的创始会员大会上正式组建。欧洲国家的代表出席了会议，荷兰、意大利、瑞典、英国和德国是创始会员，大会通过了丹麦、芬兰、挪威和瑞士拟议的欧洲龙舟联合会章程。来自比利时、匈牙利、爱尔兰、波兰和葡萄牙的代表也一致同意。

欧洲龙舟联合会的作用是在开发现代龙舟赛运动中，确保龙舟比赛保持传统，并保持运动和娱乐，尽可能让更多的人享受各种运动和娱乐。欧洲龙舟联合会旨在简化比赛的规则和条例，减少官方的干预。

欧洲龙舟联合会的理念是，龙舟是非常有趣和非常适合社交的运动，基层和教育部门应该考虑到这一点，从而保证让一般身体健全者或残疾人都能享受到运动的快乐。

欧洲龙舟联合会章程所规定的正式条款，连同"细则""竞赛条例"和"竞赛规则"等，旨在创建一个组织，对龙舟的文化背景和传统以及社会方面加以保护，使龙舟赛的竞争优势得到加强。所以，欧洲龙舟联合会的目的是在欧洲建立一个国际组织，保障龙舟的普及和推广，保护和管理其成员与其他组织的利益。

欧洲龙舟联合会会员有：亚美尼亚、奥地利、白俄罗斯、比利时、克罗地亚、塞浦路斯、捷克共和国、丹麦、爱沙尼亚、芬兰、法国、德国、英国、希腊、匈牙利、爱尔兰、以色列、意大利、立陶宛、摩尔多瓦、荷兰、挪威、波兰、葡萄牙、罗马尼亚、俄罗斯、塞尔维亚、斯洛伐克共和国、西班牙、瑞典、瑞士、土耳其、乌克兰等。

有趣的是，中国龙舟最早进入欧洲可以追溯到 1929 年，是前驻香港的一名苏格兰籍军兵，曾见到广州龙舟竞渡，回国的时候在广州定制了一艘龙船。当时《北洋画报》刊登了一篇来自伦敦的《龙舟入英记》短文，作者署名为"鹏"：上届英伦泰晤士河竞渡大会中，突然发现一艘中国龙船，船首尼头高昂，黑面且巨，船身鳞纹，金碧辉煌，桅上悬红色大旗，上嵌者不类华字，似为释教符箓之文，船上坐华人百数十人，摇桨疾行，而船内锣鼓交作，爆竹连连，尤及喧闹之概，河中船只，莫不惊骇，观者皆不知其为何物，至于有猜为中国前清废帝乘其特制之船，跨海潜来英京者。实则前驻香港之苏格兰籍军队，曾观广州龙舟竞渡，回国时乃在广州定制此一龙船，今遇竞渡大会，苏兵乔扮华人，乘舟参加盛会焉。外舰之横行中国境内久矣，不意中国龙船，竟亦得徜徉于泰晤士河内，吾辈窃居异邦者，见之亦足慰情已！

欧洲最早的龙舟赛事始于英国。1980 年 9 月，香港在伦敦中国节上举行了英国历史上第一次龙舟赛。

1985 年 6 月，英国龙舟赛俱乐部成立，这是欧洲第一个在全国范围内组织龙舟赛事的正式组织。在香港旅游协会的帮助下，该俱乐部制造了英国第一艘玻璃钢纤维材料的龙舟。

4. 泛美龙舟联合会

泛美龙舟联合会（Pan American Dragon Boat Federation，PADBF）是泛美地区龙舟赛运动的官方机构。泛美龙舟联合会的目标是成为龙舟运动一般行为的国际组织，并将龙舟赛发展成为美洲地区公认的运动，代表其龙舟协会和团体与美洲其他组织和实体成员的利益。泛美龙舟联合会的使命是促进龙舟运动的健身、竞赛和团队建设等的发展和壮大，为龙舟官员、教练、运动员和组织者提供培训、咨询和认证。

泛美龙舟联合会由四个区组成：

第Ⅰ区：南美洲；第Ⅱ区：墨西哥、中美洲、安的列斯群岛和百慕大；第Ⅲ区：美国；第Ⅳ区：加拿大。

泛美龙舟联合会现有会员包括阿根廷龙舟总会、波多黎各龙舟联合会、加拿大龙舟联合会、巴西龙舟联合会、美国龙舟联合会及特立尼达和多巴哥龙舟联合会等。

5. 大洋洲龙舟协会

大洋洲龙舟协会的机构设在澳大利亚，会员组织目前只有澳大利亚龙舟联盟、新西兰龙船协会、关岛龙舟联合会和法属波利尼西亚龙舟协会四个，尚未单独组织过洲际比赛，在洲际赛事上隶属于亚洲龙舟联合会。

澳大利亚龙舟联盟是国际龙舟联合会的首批会员，也是国际上龙舟组织管理成效显著的一个典范。2010 年，澳大利亚龙舟联合会（AusDBF）推出了第一支国家龙舟队—"极光"。之后，"极光"成为澳大利亚国家队的标志。

第二节 龙舟的竞渡

从古代到现代，龙舟竞渡的魅力一直未减，缘于有"俗"的礼制推崇，以及"竞"的对抗引人入胜、扣人心弦。

一、龙舟竞渡的内容

龙舟竞渡的方法其实很简单，因为竞渡的目的无非是使船前进得快一点或久一点。也有比较精彩的比赛，就是比试夺标手的智力。龙舟是真正意义上的同舟共济，许多人协同作战，利用划桨的力量，集中每个选手的动力，使龙舟前进。要做到力量集中，龙舟上的锣鼓就成为统一指挥的信号，锣鼓的声响直接控制了龙舟运动的速度。

（一）古代的龙舟竞渡

1. 水嬉

有时候，龙舟不是以竞驰争胜为主要任务，而是以嬉水为主的表演，宋孟元老《东京梦华录》卷七《驾幸临水殿观争标锡宴》中就记录了水嬉、竞渡的情景：近临水殿的水中，一字排开四条结彩的船，上面由诸军演出百戏，如舞大旗，扮狮豹，舞弄掉刀、蛮牌，装鬼神，演剧，等等。另外排列的两条船，都是载的乐队。又有一条小船，船上扎起了小彩楼，下面有三扇小门，如演傀儡戏的戏棚，正对着水中的乐队船，乐队船上来一层军色，向前说唱颂辞，然后乐声奏起，小船彩棚的中门开了，有小木偶人从门中出来，小船上有一穿白衣的人在水中垂钓，身后有小童子举桨划船，小船回环旋转数圈，并上前说唱颂辞，奏乐等。小船上的白衣人竟钓出一条活的小鱼，又奏乐，小船回到了彩棚中。继而有木偶出来表演竹球旋舞等节目，也各自说唱颂辞，且相互应和、奏乐等，这叫作"水傀儡"。又有两条装饰华美的船，船上挂着秋千，船尾上杂技演员正在表演爬竿，左右军院的虞候、监押、教头等，擂鼓吹笛相和。又有一人在表演荡秋千，当秋千荡起，要和支撑架子一样高时，他翻着筋斗纵身跃入水中，叫作"水秋千"。

2. 龙舟竞渡

唐代的宫廷水域就有竞渡的记载，比赛的距离从"池东"到"池西"，先至者为胜。唐王建撰《王司马集》卷八《宫词》："竞渡船头插彩旗，两边溅水湿罗衣。池东争向池西岸，先到先书上字归。"北宋徽宗朝表演龙舟竞渡的全过程，从水嬉热身到夺标竞赛。水嬉是竞渡的前奏，竞渡是水嬉后的高潮。竞渡前的水嬉内容非常丰富，先是"彩舟"上的百戏表演，紧接着是"乐船"演奏音乐、"水傀儡"戏和各种杂剧等，随之而至的是"画船"的"百戏人上竿"和"水秋千"。这些表演结束后，就准备开始竞渡。参与竞渡的"小船"20艘，虎头船10艘，平均分为两队，东西相向。

龙舟竞渡有四个项目："旋罗"，集体环绕赛；"海眼"，分组环绕赛；"交头"，两组迎面对抗；最后是"标杆"，直道竞速。孟元老《东京梦华录》："水殿前至仙桥，予以红旗插于水中，标识地分远近。所谓小龙船，列于水殿前，东西相向，虎头、飞鱼等船，布在其后，如两阵之势。片刻，水殿前水棚上一军校以红旗招之，龙船各鸣锣出阵，划棹旋转，共为圆阵，谓之旋罗。水殿前又以旗招之，其船分而为二，各圆阵，谓之海眼。又以旗招之，两船队相交互，谓之交头。又以旗招之，则诸船皆列五殿之东，面对水殿排成行列，则有小舟一军校，执一竿，上挂以锦彩银碗之类，谓之标杆，插在近殿水中。又见旗招之，则两行舟鸣鼓并进，捷者得标，则山呼拜舞。并虎头船之类，各三次争标而止。""标杆"的直道竞速，是小船、虎头船分开比赛，表演三轮争标。可以看出，龙舟竞渡组织严密、节目丰富，以阶梯式逐步进入高潮。

无独有偶，宋吴自牧《梦粱录》说，二月初八日（祠山圣诞）南宋临安西湖的水嬉，也仿照旧的范式，"效京师故体，风流锦体，他处所无"，尤其是龙舟竞渡的程序和内容是一致的："其龙舟俱呈参州府，令立标杆于湖中，挂其锦彩、银碗、官楮，犒龙舟，快捷者赏之。有一小节级，披黄衫，顶青巾，带大花，插孔雀尾，乘小舟抵湖堂，横节杖，声诺，取指挥，次以舟回，朝诸龙以小彩旗招之，诸舟俱鸣锣击鼓，分两势划棹旋转，而远远排列成行；再以小彩旗引之，龙舟并进者二；又以旗招之，其龙舟远列成行，而先进者得截取标赏，声诺而退，余者以钱酒支犒也。""分两势划棹旋转"即是"海眼"，"龙舟并进者二"即是"交头"，"龙舟远列成行"就是准备"标杆"之意。

龙舟竞渡的项目，还有赛智慧的形式。广州增城的新塘镇曾流传着一段有趣的传说：在一个赛龙舟的"旺景日"，热闹非凡，有四条龙舟分别代表四个初赛获得优胜的乡村进行决赛。在赛道终点线上，横排着四个固定的木浮标，上面各插彩旗一面，旗上分别书有"前头无阻""不离第一""追前越后""无船赶上"等大字。裁判员说明：先到达目的地的龙舟，任其挑一面旗回来对号领奖。新塘大敦村，赛龙舟素有名望，号子一响，便如离弦之箭划出，第一个到达浮标线，抢了"不离第一"的彩旗回来。然而，发给的却是亚军奖。原来，这是一场别出心裁的斗智赛。"前头无阻"才是冠军，"追前越后"是第三名，"无船赶上"是第四名。

（二）现代的龙舟竞赛

1.趁景

趁景是各地有龙舟的乡村，按当地自然地域、潮汐起落而约定俗成，在某固定日进行相互探访。龙舟聚集的地方称为"景"，各村在指定水域邀集附近村镇龙舟前来"应景"。龙舟从四面八方汇聚到一起，村民相互熟悉和联络感情，礼节性地招呼和拜访。

趁景是竞渡前的准备和礼仪，它只展示龙舟，不排名次，是一种巡游互访的活动，一般轮流在各乡镇举行，每天一景。一般是在每年农历五月初一至五月二十举行。选择龙舟景日，主要考虑的是景场潮汐活动，须适合龙舟聚集和竞渡。那些潮汐活动不强或根本没有潮汐活动的水域地区，选定龙舟景日则均挑"好日"或良辰吉日。许多地区均将龙舟活动日称为"龙舟景"。趁景点的布置，主要考虑河涌是否贯通。珠江三角洲地区，尤其是以广州为中心，河涌多数是几个大小水系连接在一起的。如东江水系，有增城、东莞和黄埔鱼珠以及番禺的石楼、新造、化龙、大石；西江水系则涉及佛山的顺德、南海和番禺的沙湾、市桥、石碁、沙头等。再细分些就有：市桥水系、沙湾水系、石碁的官涌村；新造水系涉及化龙、南村；大石水系又涉及南村、新造、化龙等地。各地域都会选择一个水面开阔、河涌宽直、岸线视野宽广的地方作为景区，如西江的有沙湾景、渡头景、北海景、市桥景；东江的有新造景、官山景、官洲景、车陂景、鱼珠景、石楼景、大石景等。这些景之中又分别有小景，小景是同一大景区的各村龙舟在农历五月初一至初十相互往来探访。

趁景当日，各世交、友好村庄的龙舟齐来相聚。设景的村寨门楼披红挂绿，舞龙舞狮，沿江两岸彩旗飘扬，还有彩船、造型表演。有时各式龙舟多达百艘在江面巡游，装饰得五颜六色，争奇斗艳，场面非常壮观，热闹非凡，像过盛大节日似的，让岸上的老百姓大饱眼福。龙舟在河面上游弋，不单是划来划去，还有其他引人注目的表演。在广州地区，常常可见桡手只将桨叶稍许插入水，然后往上挑水，使水花飞溅，加上船头船尾的人一下一下随着节拍使劲顿足压船，使龙舟一起一伏，活像游龙戏水。此时龙舟行驶缓慢，甚至停滞不前。虽然龙舟趁景来去自由，但大多也是集中在某一段时间内，一般河水涨到最高峰时，也是龙舟趁景的高峰期。广州地区端午节期间的龙舟竞渡，大多在 11 点、12 点或 13 点开始，举行三以在竞渡时间内，特别是高潮期，一些大的集会点往往有几十条龙舟在河（湖）面上划来划去，鞭炮声、欢呼声震耳欲聋，群情激奋，气氛极为热烈，场面颇为壮观。这时常常有几条龙舟随意相约，比赛谁划得快，形成龙舟的自由竞速场面。

龙舟景一为让龙舟串门联络感情，二为寓意有个好兆头，三则是为端午节的竞渡热身。一些大的集会点，前来竞渡的龙舟也较多，如果不组织比赛，龙舟到达后可以自由在河面上游弋，想离开时随时都可离开。有的集会点有时也接待前来竞渡的船只，特别是接待与本村庄有亲戚朋友关系的村庄的龙舟。

2. 龙舟的礼节

探亲礼：龙舟活动非常人性化。本村的龙和附近村的龙有辈分之分，也有兄弟之分。村与村之间龙舟的往来为一种探亲的活动，来访的龙舟在探亲前都写有一个拜访帖。当龙舟来访时，由龙船头（即随船召集人）上岸将帖送给来"接锣"的人（即接船的人），"接锣"的人接了帖后，及时将来访龙舟的帖张贴在公告栏，让全村人都可看到。来访的龙舟要客随主便，主人下来"撼鼓"，则表示邀请这条龙舟上的人上岸休息，吃些茶点，或吃龙舟饭等。来访的龙舟离开时，一般是划湿桡两个来回，再划干扰一个来回。干扰就是鼓手敲鼓不是敲在鼓心，而是敲在鼓边，桡手则要用饶挑起水花，这样又快又好看，让被访村民看个高兴。

接亲礼：有探亲，同样也有接亲，邻村的龙舟要来访，主人就要一尽地主之谊。一般，各村在端午节前会成立一个临时的筹备组织，名曰"龙船会"，安排一名责任心强的人来做"接锣"工作。所谓"接锣"，是在村河涌入口处巡视，如发现划经本村的龙舟，无论认识与否，"接锣"人都要打铜锣迎接来的龙舟听见，自然知道该村迎接"人景"，则必在其村的河涌内游弋几趟，表演一番，以示对别人的尊重。"接锣"人负责迎接，也可自己拿主意下船"撼鼓"，请客上岸吃些茶点，甚至吃饭，接收来访龙舟的拜帖并向村人公布，相遇时的礼节：凡端午节期间，江河上都会有龙舟往返，龙舟无论在去探亲或去会景或归家的路上，如遇迎面龙舟，相互都会行见面礼，就是双方龙舟的锣鼓手密密地打击锣鼓，这紧锣密鼓有别于行进间的节奏。两只龙舟相互"擂锣"，互相往回划两三个来回之后才分道扬镳。

3.龙舟竞渡的体育化

民国之前的龙舟竞渡，凡经双方同意便自行竞赛，地点、距离、方式不受限制。各地庙会的龙舟竞渡，基本上属这种形式。竞渡方法简单，各龙舟自由组合，两艘船为一组，划一次领先者得一面小红旗，也就是"标"，比赛不限次数，可以自由和许多船比，最后凭红旗领赏，但不评定名次，红旗多者为胜。旧俗各地设标，奖品不多，前三名可得金猪（烧猪）、烧酒、锦旗。有些地方是在终点处竖立标旗，头标为红旗，二标为黄旗，三标为绿旗，标旗上有一串鞭炮，有时还会有一个红包。竞渡时，夺到标旗的龙舟是非常荣耀的，显示出自己很有实力。

到了民国的时候，地方政府开始采取体育竞赛的淘汰制，制定了龙舟竞赛方法：以两舟为一组，举行预赛，其胜者进行复赛，再胜者进行决赛，最后的优胜者得锦标。竞赛水区与组合均以抽签为准，胜负由评判员评定，并派军警维持秩序，医院及浮桥管理人员负责救护工作。因此，就避免了族群为夺标而出现的种种矛盾，步入了体育竞赛的轨道。

中华人民共和国成立后，龙舟活动被列入民间传统体育项目。龙舟竞渡既保留了健康习俗，又按现代体育竞赛的办法进行，特别是国家体委将龙舟列为全国正式比赛项目之后，龙舟竞赛开始全国规范化。每次龙舟竞渡的比赛，都会成立由政府各部门参与的综合指挥部，下设竞赛组、宣传组、接待组、保卫组等，保障比赛的有序进行。比赛一般采用分组淘汰制，小组的比赛三局两胜。第一次比赛的船道抽签决定，第二次则双方交换船道。如果比赛结果是二比零，胜负就定了；如果是一比一，那就再抽签定船道，比分成二比一，两次获胜的龙舟才取胜。后来又采用了计时的办法决定胜负，胜者进入下一轮比赛，直至赛出冠、亚军为止。

国际龙舟联合会成立以后，对龙舟竞赛的形式做出了统一的规定，以促进国际龙舟竞赛的均衡发展。竞赛的形式设置可以说是丰富多样，共分为三种：一是直道竞速赛，在尽可能短的时间内通过1000米以内标志清楚而无任何障碍的直线航道，以用时的多少来决定胜负。二是环绕赛，在半径不小于 50 米，直线距离不小于 500 米的人工或自然水域所进行的多圈赛事，以圈数的多少来论输赢。三是拉力赛，在自然环境水域，但必须是封闭的航线上所进行的长距离赛事，以距离的长短定胜负。

4.龙舟竞赛前的水戏

现在的龙舟竞赛，其前奏也同样承袭了传统的水嬉模式，目的也是娱乐大众，活跃比赛的气氛，只不过内容和表现形式与时俱进，结合现代化技术进行展示。笔者在 2017 年国庆期间，特意到东莞麻涌参加了一场国际龙舟嘉年华活动。

2017 年麻涌国际龙舟嘉年华的开幕式上表演的项目如下：

（1）武术。在岸上主席台前方的舞台上，组织了麻涌当地一家武术馆进行武术表演，以传统武术的内容为主，咏春拳、双节棍、少林豹拳、马派八卦掌、醉剑、童子功、春秋大刀、长枪锁喉……各式各样的中华武术精粹轮番上台比拼，台下观众大饱眼福，掌声此起彼伏。

（2）"扮嘢"（粤语中角色扮演的意思）。参加此次嘉年华活动的海内外 31 支队伍，以各种奇异造型在岸上、船上流动表演等，为观众带来更多活力和欢乐气氛。

（3）滑翔伞。在华阳湖的上空，滑翔伞三五成群自南向北飞翔而过，领先的悬挂着国旗，跟随的带有各式旗帜，飞翔时还喷出五彩斑斓的气体，在蓝天中描绘出一幅幅绚丽多彩的图景，蔚为壮观。

（4）水上飞人。在摩托艇的助推下，水上飞人时而螺旋上升，时而波浪潜行，旋转、翻腾、俯冲，技术娴熟，令人惊叹。

午休休息之后，在下午正式比赛之前，有歌舞助阵，醒狮高桩迷青，还有运动员即兴技巧、舞蹈，演员与观众互动等表演，把竞赛的现场气氛达到高潮。

（5）龙舟拔河。下午比赛的间歇，华阳湖迎来了趣味龙舟拔河，在同一条船上，两队队员面对面挥桨，船到谁家谁就输。比赛需要双方队员在使劲划桨的同时努力保持船身平衡，难度相当高。观众的助威声此起彼伏，群情振奋。

二、龙舟竞渡的技术

传统龙舟竞渡，一条龙舟上的基本人员为：①桡手，管划船前进，是船上的动力，由年轻力壮的人担任；②舵手：管船行驶的方向，由有技术的人担任；③指挥者和锣鼓手，起指挥作用，由有经验的人担任。划船时，指挥者站在船头，手拿红旗，左右挥舞，锣鼓手是指挥者的动作敲打，桡手则听锣鼓声划桨（有的地方不用指挥者，由锣鼓手自己打锣鼓指挥），根据锣鼓声的不同，桡手不断变换桨法，使龙舟时快时慢，随意自如。像《武陵竞渡略》记载的一样："行船以旗为眼，动桡以鼓为节，槎齐起落，不乱分毫。乱者黜之，谓搅酱手。"

（一）桡手

桡手是龙舟的动力来源，控制龙舟的快慢。龙舟竞渡的形式有游乡、集会与速度比赛等。竞渡的形式不同，划船的方法也不同：速度比赛时，要求划得越快越好。但游乡或集会时则不一定，有时甚至要使龙舟停滞不前。龙舟游乡或集会时，常常可见桡手只将桨叶稍许插入水中，然后往上挑水，而不是用力往后划水。桡手这样的手法使得水花飞溅，加上船头船尾站着的人随着节拍一下一下用劲顿足，使整条龙舟一起一伏，活像游龙戏水。此时船行甚慢，甚至停滞不前。而龙舟竞速，就是桡手之间的拼斗，要求速度越快越好。宋黄公绍《端午竞渡棹歌》："斗轻楼，斗轻梯，雪中花卷棹声摇。天上玻璃三万顷，尽教看得几吴舠"这种时候，桡手们则是尽力往后划水，使船行如飞。宋邹浩《竞渡》："坊村一处一龙船，擘浪飞梯斗欲先。要识晚来谁胜捷，但听歌吹鼓声喧。"划桡的速度可以用闪电来形容，唐吴融《和集贤相公西溪待宴观竞渡》："昼花铺广宴，晴电闪飞桡浪叠摇仙杖，风微定彩标。"虽然为了越快越好这一目的，但其桨法也不是一成不变的，比如有快三桨、慢三桨等。所谓慢三桨，就是每一次船桨入水深，往后划的动作幅度大，划一桨算一桨，一组三桨。而快三桨的入水不如慢三桨深，动作幅度也不如慢三桨大，但频率较快，仍然是一组三桨，同样也能使船行如飞。总之，桨法是多种多样的，各地也不尽相同。

传统龙舟桡手分成七种，即"头桡""引水""前羊角""鼓仓""后羊角""夹艄""艄公"头桡必须有跪劲、腰劲，还要能"阳雀"（倒立）。"引水"分"头引""二引""三引"，这三种桡手必须有十年以上的船龄，他们是全船桡手的引导、楷模。"前羊角"位在撑缆的前木架前后，重要性仅次于"引水"，力气要大，要有拉劲。"后羊角"位在撑缆的后木架前后，要有推劲，前拉后推，船才起势划"夹艄"（艄公前的两对楼）者，最主要的任务是协助"艄公"掌好艄，其次才是划船，俗称"二艄公"。"艄公"就不用多说了，他是全船的核心，要是比赛时走了艄，再好的桡手也一定会输至于"鼓仓"者，比较而言技术就要次人一等。

龙舟上桡手的多少视龙舟的大小而定，传统龙舟（长龙）50～90人，标准龙舟（短龙）20人桡手划桨姿势，一般说来，都是两人并排坐在龙舟上，采用坐姿划桨，也可站立划桨、蹲跪划桨等，但姿势要统一。在长距离划行中也可以不同划桨姿势变换运用，但必须要熟练、快速和整齐地变换，否则会影响竞赛的集体配合。

1. 划桨姿势

（1）坐姿划桨

坐着划的划桨姿势是髋关节紧贴船舷，外侧腿紧蹬前隔舱板底部，这样可充分发挥腿部大肌肉群的力量转体直臂后拉是靠有力的蹬腿将力送上去的，外侧腿若不蹬住前隔舱板底部，动力在传递过程中就会有损耗，内侧腿弯曲后收于坐板下隔舱板，前脚掌紧抵船舱底部，臀部坐在坐板的前沿上，这样做既可固定臀部的位置，也有利于动力的传递，避免动力损耗（这是因为臀大肌有缓冲作用），也不至于在训练中因反复摩擦导致臀部受伤。如采用转体技术划法，在划高桨频时，内侧腿放前、放后、放内侧均可；如采用下腰技术划法，若内侧腿放在前面，在划高桨频时，身体重心则会往上抬，不利于发力。而采用转体转髋加下腰技术划法时，则有利于船速的提升。

（2）站立划桨

站着划的划桨姿势是两腿站着，膝盖贴紧船旁成半跪式，面向船舷，但不是正对前进方向。握桨方法是上手正握、下手正握或反握。在划行过程中，上身基本都是弯着的，腰背负担很大，因为全体桡手都站起来，使船体重心升高，大大增加了船体不稳定性，极容易造成翻船。同时，因桡手站起来使桨叶离水面的距离增加，桨叶的入水角度和出水深度难以保证，严重影响了划水效果。桡手面向船舷和侧着上身划行，也会导致桨叶出水时出现严重跳水现象，加重船体的上下起伏。同时因船体重心升高，对桡手集体配合的影响极大，造成各桨叶入水和出水时间不一致，桨叶的入水深浅也不一致。

但是当坐着划桨时间长了可转为站着划，以转换肌肉的用力方式，使坐着划时疲劳的肌肉得到短暂放松。在由坐姿转为站姿的过程中，全体桨手的动作配合要相当熟练，不能影响原本的划桨节奏，否则就会影响龙舟的前进速度。

（3）蹲跪划桨

蹲跪式的划桨姿势是前脚蹲后脚跪，让整个身体姿势更有利于身体充分前伸、前倾、前展，侧身大转体与后划大摆动的同时带动了上臂动作、下臂动作以及所有的关节角度做大划幅动作的配合。与坐姿划桨比较，蹲跪划桨有三个优势：一是拉桨划幅特别大。二是拉桨划水特别深。蹲跪划桨由于身体的侧身卧姿，身体前倾、前伸、前张、前展等动作特别大。也由于俯卧动作特别大，对桨叶的插水深度有保障。三是蹲跪划桨划水力量特别强。蹲跪划桨的划幅大、划水深、划水路线长，有充分的时间使技术力量、体能力量得到配合，互相协调发挥，即整个身体的（包括上手、下手、下肢、上体及腰、腹、背）力量完全调动并投入拉桨划水动作中。

2. 划桨技术

龙舟主要是通过运动员划桨向前进。划桨动作都是以一个划桨周期动作重复出现，即入水——拉桨——出水——回桨。

为了使龙舟获得较快的速度，划桨时一定要做到快、狠、稳三方面，这种既狠又稳的划桨技术要求在划行阶段用力要狠，并要尽量减少桨叶在水中的移动。桨叶在水中移动与桨叶的结构和划桨技术有密切关系，桨叶在水中移动对龙舟前行很不利，会减缓前进速度，所以必须把桨叶在水中的移动减少到最低限度。在龙舟滑行阶段划桨动作要稳，并适当掌握回桨的速度，使参加划桨的肌肉在极短时间内得到放松，保证在下次划桨时仍有最大的力量。

（1）入水

上身前倾，双手前伸，迅速将桨叶插入水中，桨叶入水时要感觉像从洞中插入一样，水至桨颈处即可。身体重心通过高位手往下压在桨柄上，使桨稳稳抓住水，避免划漂桨划距的长短取决于转体的幅度或身体前倾的角度以及桨入水的角度。桨叶从入水到划水只是一瞬间，桨叶以一定的角度插入水中，可以尽量减少由于龙舟前进产生的相对水流对桨叶的影响。

技术要求：

1）以转体为主，前倾为辅，这种技术适合划短距离或者是在划高桨频时采用；

2）以前倾为主，转体为辅，这种技术适合划长距离或是在拉大划距时采用；

3）上面二者的结合，这种技术适合划中距离或者是在划中桨频时采用，但使用这种技术划起来会感到比较吃力、呼吸困难，同时外侧腰腹感到难受。

（2）拉桨

拉桨划水是所有动作的关键。拉桨包括入水、转桨和划水三个动作，插桨与拉桨应衔接紧凑，不能有丝毫脱节动作。当桨叶入水后立即转动桨，桨叶抓住水后立即开始划动，上手支撑、下手用爆发力向后拉，下肢用力支撑蹬腿，腰背也迅速向后，下肢由蹬腿得到的反作用力通过上身参与拉桨紧靠船舷，与前进方向一致，在拉桨过程中应始终保持最大对水面积和越拉越快的速度。

技术要求：

1）桨叶在水中划行要保持垂直。一般在划行的后半段容易出现桨叶不能保持垂直的情况，甚至有时会出现跳水现象，这样会降低划水效果，使龙舟产生颠簸，甚至增加桨叶在水中的移动。

2）桨叶在水中要保持一定的深度距离，即水到桨颈的位置（满桨）。划水时桨叶在水中跳动，或在划水的前半段和后半段吃水的深度不一致，都会降低划水效果当然桨叶入水的深度还应根据龙舟的结构、船体吃水深浅、桨叶的面积和桨手的体力这四个因素来确定。如果桨叶在水中划起的水花是碎花，而桨叶在水中移位很大，那就是桨叶吃水太浅。如果桨叶与水面交界处受到相反方向的水流的作用，那就是桨叶吃水太深。

3）拉桨时用力要均匀。在全部划行过程中用力要保持均匀，避免用力出现先小后大或先大后小，两端小中间大或两端大中间小的现象。这些现象都会降低划水效果，使龙舟产生颠簸，影响前进速度。

4）拉桨过程中上身要保持适当的前倾和后仰，使桨叶在水中有较大的划水弧度，也能更好地发挥上身腰腹肌肉的力量。虽然龙舟获得最大的前进力是在桨和龙舟成 90 度角的时候，但龙舟在划行阶段是做加速度运动，而且加速要持续到划水的后半段，直到桨叶出水，龙舟的速度才达到最高点。当然过分的前倾和后仰加大拉桨弧度也是不利的。

（3）出水

桨拉至膝盖后结束出水，不应再往后拉。双手向上提桨出水的同时，手向上、向内、向前随着身体转动提桨出水。桨叶的出水动作是极其迅速的，当拉桨结束时，立即把桨叶提起，并转动桨叶，以降低桨叶的迎风阻力，同时防止桨叶拉到最后时出现跳水现象。

技术要求：

1）拉桨与出桨要连贯、迅速、简洁、干净、协调，顺乎自然，提桨出水。

2）拉桨完毕不能在水中停留，否则桨背挡水，会形成阻力。

3）拉桨完毕瞬间，腿、腰、背、肩及臂都要处于放松状态。

4）桨出水时，躯干稍前倾，这时全身肌肉都处于放松状态。

（4）回桨

出桨之后，双手松弛握桨，腿、腰、背、肩、臂等都要放松。桨叶下缘贴近水面，桨叶外侧边朝侧前方，向前呈小弧形到达插桨位置。在回桨过程中，蹬直的腿随着身体的转动或前倾又恢复弯曲状态。桨叶下缘贴着水面移桨，躯干与肩随回桨动作向船内转动，并向前倾。桨叶面根据风向确定朝前还是朝外，逆风朝外、顺风朝前。这样逆风可减少阻力，顺风可借助风力（或是根据桨频快慢确定向前还是向外）。接下来转体、转肩、吸气，为下一个动作做好准备。

技术要求：

1）回桨不要提得太高，或者弧度太大。

2）要将放松摆在与发力同等重要的位置上，一个桡手能不能做到放松，是体现他的耐力水平。

3）如遇风大浪高，可适当提高回桨高度。

（二）舵手

舵手的主要职责是把握龙舟的方向和速度，船是否走得直，船速是否快，与舵手有极大关系。舵手在平时训练中或在竞赛中扮演着主要角色，他必须控制好龙舟的前进方向，使之按航道前进，并从自己的航道到达终点，不能出现犯规。此外，应更加注意水面障碍物和水流及风向的变化，从而保证龙舟航行的安全掌舵有点式、拨式和拖式三种技术方式。

1. 点式技术

舵入水后很快就提出水面称为点式。这种技术产生的阻力最小，对速度影响不大，适于龙舟在行进过程中方向改变较小时采用，当船稍微有点偏航时采用点式技术效果较好'如果船继续偏航，可采用有节奏的点式打舵技术，即舵断断续续地入水、起水，舵叶的入水角度视偏航的大小灵活掌握，这样可既保持航向又保持速度。

2. 拨式技术

当船偏航较大时，选中水中一个点，迅速下桨朝相反方向横向拨桨打舵称为拨式。水中这个点的选择，是确定偏航大小灵活掌握。此技术主要应用于在风平浪静情况下的龙舟掉头、靠岸，以及龙舟进入航道时摆正航向而在有风浪的情况下，采用此技术掉头、靠岸则难以使船保持平稳此技术在行驶中一般不宜采用，因为阻力比点式技术要大，同时难以使船保持平稳。

3.拖式技术

船在行驶中，舵叶始终在水中控制方向称为拖式，当船体方向改变较大时就采用此技术它能有效控制方向，比较稳定，在有风浪的情况下采用拖式技术掉头、靠岸比较平稳。但因在此技术中舵长时间拖在水中，故产生的摩擦阻力最大。船偏航越大，舵桨与前进方向的角度越大，阻力也越大，对船的速度影响也就越大。

龙舟需要掉头、靠岸，或者需要大幅度地、急速地改变方向时，可先采用拨式技术，当船的运行状况快要达到要求时，再改用拖式技术，这样可保持平稳。

不论舵手采用何种技术都应尽可能减小影响行进中的船速：民间龙舟赛时有的舵手喜欢压船尾、跳跃、晃动，这无助于增加动力，只会增加阻力。

（三）鼓手、锣手和标手

龙舟上的鼓手和锣手是灵魂人物，锣鼓手的击鼓敲锣声可以让全体桡手划桨的速度和动作一致，且提振全队士气。一般配备鼓手1人，通过鼓声发号施令，控制整个队前进的速度和节奏，同时还担当鼓舞士气的责任；锣手11人，配合鼓手敲锣控制速度和节奏。宋杨万里《过弋阳观竞渡》："急鼓繁银动地呼，碧琉璃上两龙趋。一声翻倒冯夷国，千载凄凉楚大夫。银碗锦标夸胜捷，画桡绣臂照江湖。三年端午真虚过，奇观初逢慰道涂厂龙舟鼓点的快慢、缓急关系着龙舟前进的速度，一般在起航、途中和冲刺的不同阶段，鼓点的节奏是不同的。鼓声敲打起来，各式各样，鼓点疏密有致，缓急分明。桡手们紧听锣鼓声音，从而明确自己桡法的操作，俗话有"听鼓落桡，擂鼓圈头（调头）"之说：打鼓、敲锣，是指挥龙舟进退的信号，都是鼓起锣下，先鼓后锣，先打后敲各一下。此外，个别龙舟还有用哨子附和鼓声锣声的。比赛时，锣鼓手发出的一声声号子、一锤锤鼓点，有板有眼，时急时舒。熟悉龙舟的人们，远远地听着锣鼓声的节奏，便知赛事的进展。"咚咚咚咚锵"，那是江上闲游；"咚咚锵，咚咚锵"，便是初赛小试锋芒；如果锣鼓声"咚锵、咚锵、咚锵"越来越急促，和着两岸呐喊震天撼地，定是决赛进入最后的冲刺阶段。

有些龙舟竞渡活动采用夺标形式决定胜负，所以标手的任务是在龙舟将到终点时把标旗夺到手，且不能掉落水中，整队的胜负几乎都掌握在标手上。宋郭祥正《竞渡》："竞渡传风俗，旁观亦壮哉。棹争飞鸟疾，标夺彩龙回。江影浑翻锦，歌声远震雷。轻生一饷乐，时序密相催。"标手可由鼓手或划手兼任，一般情况下标手的水性要相当好才行。但目前龙舟竞赛活动较少采用夺标决定胜负这种方式，大部分采用计时淘汰制，所以一般都不设标手。

在广州番禺，每条龙舟都喜欢自己创造鼓点。综合来说，只有两种鼓点：单槌鼓和双槌鼓。

单槌鼓又叫顺鼓，即只捶一个节奏，鼓声响一下桡手就划一下，这叫起顺鼓。

双槌鼓就是鼓手左右连击为一拍，连击一次双响，桡手才划一下。双槌鼓又叫起马蹄鼓，起马蹄鼓变化活泼，有跳跃感，但竞赛时却不及起顺鼓的节奏分明。

技术要求：

1）先重打鼓心两下，次打鼓边三下，再打鼓心，是龙舟的起行信号，叫作"起鼓"。

2）打鼓心，是指挥龙舟过路或直线前进，叫作"直行鼓"。

3）打鼓身，是指挥龙舟掘进，叫作"捉龙鼓"（广东话称快速前进为捉）。

4）龙舟要往别处去了，在打"直行鼓"的过程中间或密打几下，叫作"乱鼓"。

5）龙舟转弯。有节拍地密打鼓心，转弯完毕，先打"起鼓"，后打"直行鼓"，这一系列动作，叫作"转弯鼓"。

（四）场地和设施

比赛场地选用宽阔的静水水域，航道水深不低于 3 米，航道内不能有水草、暗礁和其他障碍物等。各航道都应是同样的宽度（至少 12 米），且航道线必须与起航线和终点线垂直。

航道设置有黄色、红色浮标，并设立分段距离标志起航线和终点线两端的延长线上设有高出水面 3 米的清晰可见的标志杆，终点线远端还设置高出水面 3 米的冲刺瞄准牌。此外，航道在起航线、终点线留有足够长的准备区域和缓冲区域。

比赛场地设有登舟码头，如属于陡岸条件下设立登舟码头，则需搭建水上平台码头，这有利于龙舟靠岸、运动员登舟和裁判员工作起点发令台安置在起航线一侧，并配备遮阳和避雨设施。起航平台安置在起航线后约 20 米处。

比赛龙舟采用 22 人制，龙舟总长 18.4 米，舵桨采用固定式，划桨长度为 105～130 厘米。各队运动员服装颜色、样式必须整齐一致，上衣背后有本团体名称或标志。

比赛时有些情况是要受到处罚的，如龙舟起航后发生串道并以领先优势前行，会被取消比赛资格；鼓手、舵手使用划水器械划水也会被取消比赛资格；鼓手未积极敲鼓的，将被罚加时五秒。

环绕赛、拉力赛的赛场要求：起航线、终点线至少要有 50 米宽，两边界线交叉处应用红旗标出。从起航线到转弯点的航道直线距离最少 500 米，转弯点半径至少要 50 米，并用旗或浮标标出。

第七章　其他水上运动

第一节　漂流运动

一、漂流的起源与变迁

漂流的发展伴随着人类的历史。它和许多娱乐、运动一样，源于人类最初的生活、生存、交通、战争等，从而发展成为一项参与性极强的娱乐休闲旅游项目及极富挑战、竞赛性的体育运动。漂流最初源于爱斯基摩人的皮船、印第安人的树皮舟、中国的竹筏、木筏，这些都是为了满足他们生活、生存、交通、战争的需要，而真正广泛的漂流运动，是在二战之后才开始发展的。

二战后一些退役的充气橡皮艇，被一些喜欢户外活动的人发现，他们开始买来自娱自乐，后来，随着战后经济的复苏，户外活动有了较大市场，他们便着手改进橡皮艇的规格，完善各种装备、器材，不断提高技术水平，经营起了商业性的漂流旅游，这些人成为美国第一代商业漂流经营者。在 20 世纪七八十年代，商业漂流的发展日益完善，相关的产业也得到很大的发展，例如：专业船具、器材、装备、服装等等。政府的职能部门也制定了有关商业性漂流的管理条例，如对经营者、经营河道的许可，桨手资格的取得，安全救护的保障，环境的保护，船具装备的安全，以及漂流河段难度等级划分。

在我国，虽然江河漂流、急流探险的起步较晚，开发的河段较少，难度较低，参与的人员较少，使用的船具器材比较初期，桨手的专业技术技能也不够全面。但可喜的是，最近两年我国的群众性商业漂流已呈现出很强的发展趋势，越来越多的人已能够接受并积极参与这项魅力独特的户外活动，特别是国家体育总局水上管理中心 2013 年提出：优化水上项目社会大众体育发展方式，不断提高水上运动大众体育社会基层的服务质量和管理水平；积极探索、加强和创新水上运动社会管理和发展模式，推动协会和各类基层体育组织建设；不断扩大社会大众参与各类水上活动的人数，全面推动水上各运动项目工作向社会的广度和深度。尽管目前我国开发的河流多为尝试性的、短距离的、低难度的河段，船具也多为橡胶材料、器材装备较为简单，但我国幅员辽阔，特别是西部地区河流资源非常丰富，地域的民族文化也不同，可供开发用于商业漂流的河流很多。现在我国十大漂流胜地有：兴隆恒河源漂流、马岭河（贵州—兴义）、飞水漂流（湖南—娄底）、小三峡（重庆）、九畹溪漂流（湖北—宜昌）、楠溪江（浙江—温州）、资江（广西—桂林）、地下大峡谷激情漂流（山东—沂水）、万泉河漂流（海南—烟园）、岷江漂流（四川—汶川）等。我们相信，随着经济、交通、旅游的快速发展，我国的商业漂流市场一定会迎来一个光明的未来。

二、漂流运动的概念

漂流，顾名思义就是漂在水上，随水流动。漂流是一项由若干参与者参加，借助一定的可以漂浮在水面上的工具，与大自然相互交融的惊险刺激的水上户外活动。漂流运动则是比较规范的，它是在由专业人士经过实地考察、评估和改造的河流中，有一定的规则来规范的，有若干参与者参加的，惊险刺激且体验性较强的户外水上运动。

三、漂流运动的类型

1.探索、发现类的漂流运动

此类漂流包含有人文、地理性质的综合的科学考察，自然资源、风光的探索发现，以及极限运动的挑战。此类多是惊险刺激的自然水流，往往对生态的破坏较小。

2.观光、旅游、娱乐类的漂流运动

此类漂流运动则主要是商业性的，以经营为目的，多是一些水流缓慢的休闲观光，需要建设一些配套的基础设施来满足参与者的物质需要，对生态环境有一定的破坏。

四、漂流运动的特点

1.漂流运动的生态性

漂流运动是具有生态特征的休闲活动。漂流运动的地点一般是在水量相对稳定的河流上，同时水是自然的并且不断更新的，漂流本身不会对河流产生破坏；其次漂流一般会选择露营和野炊的方式来解决食宿的问题，相关建筑物的需求极少，雨季过后对河滩的面貌就基本恢复原样。因此漂流运动具有生态性特点。

2.适宜人群的广泛性

一般漂流运动的形式多样，有惊险刺激的水上探险漂流，也有水流缓慢的休闲观光漂流，不同的人群可以选择不同的漂流形式。并且在漂流运动中不需要长途跋涉，也不需要攀岩走壁，对参与者的体能要求相对较低。所以漂流运动的参与者比较广泛。

3.漂流运动季节性

漂流运动受季节性影响非常大，一般大型的河流因为雨季水位上涨通常无法进行漂流；而中小河流在枯水季因为河道内水量不充足也无法进行漂流。但是整体情况来看，

夏秋季节是漂流的最佳时机，参与者可以一边体验漂流运动的惊险和刺激，一边欣赏两岸的优美风景；而到了冬季，一部分河流结冰，无法进行漂流，即使那些没有结冰的河流，也会因为河水冰冷无法进行漂流。大自然一年四季的气候变化，使得漂流运动具有很明显的季节性特点。

五、漂流运动的价值

1. 增加就业、缓解压力

经济的快速发展，社会竞争压力不断扩大，就业压力也越来越大，漂流运动的快速发展，推动了旅游服务业等相关产业的发展，为社会提供了更多的就业机会，缓解了现代社会普遍存在的就业难的问题。

随着科学技术的高速发展，现代教育水平的不断提高，现在人们的生活和社会竞争压力都很大，需要一些合理的方法排除这些困难和压力。漂流运动中的一些项目需要参与者全身心地投入，这就是现代人的一种理想的选择，在漂流的过程中可以忘掉生活和工作中的烦恼和压力，尽情地享受大自然带给我们的自由和酣畅，这样我们就可以重新找回我们内心的激情和昂扬的斗志，用积极的心态面对生活，为我们的目标努力奋斗。

2. 促进人的社会化

漂流运动不仅需要自强不息，也需要有强烈的团队合作意识。人们通过漂流运动可以增进彼此的了解，使自身融入其中。而且，漂流运动的组织与实施，这些都趋向于团队协作，可以增加团队的凝聚力，每个人在漂流中不仅充当一员，也能够崭露头角、独领风骚，所以会使自身在群体中的位置发生改变。并且在漂流的过程中，人们克服自然环境的困难，最后胜利到达终点，提高了人的社会适应能力。这些都促进了人的社会化，使人们能更好地适应社会变化。

3. 促进社会和谐

社会的不断发展，信息通信工具不断更新换代，人们的工作、生活与电脑相伴的时间越来越多，电脑作为外界的一个窗口，成了现代人们最重要的生活工具，以前的走亲访友，现在更多地依赖电脑进行网上聊天、发邮件等方式，面对面的交流变少了，更多的是宅在家里或者整天面对电脑。而在漂流运动过程中，家人朋友可以在一起共同经历刺激和探险，加强了人与人之间的交流，特别是积极的情绪，无形之中就拉近了人与人之间的距离，增加了现代人的幸福感。

4. 培养人的拼搏精神

精神文明是一个国家建设的重点，同时也是一个人立足社会的根本，拼搏精神是现代社会生存中最需要的。漂流运动中有一些项目具有很高的难度甚至危险，比如"激流回旋"，要想参加这个项目，我们必须有强大的精神力量和必胜的信念作支撑，通过漂流过程中战胜湍急的水流，最终顺利到达终点。这有助于培养参与者的拼搏向上的精神，能让我们更有信心在生活中为我们的理想不断拼搏，最终实现我们的理想。

5.漂流运动的经济价值

随着我国日新月异的科技发展，人们生活水平不断提高，休闲时间渐增，人们的追求也从物质享受转变为精神享受，全民健身设施发展迅速，群众体育蓬勃开展，这也刺激了融健身、休闲娱乐、旅游为一体等，具有体育特色的产业的兴起，成为大众消费的新时尚。漂流运动是户外运动和旅游结合的产物，随着休闲体育和旅游的迅猛发展，漂流运动巨大的经济价值也越来越显著。国民经济的增长为人们参加漂流运动提供了经济支撑和物质保障，再加上漂流运动自身的强大吸引力，作为刺激和娱乐并存的休闲方式，漂流运动必将给现代体育和旅游经济带来一定的效益。

漂流运动的发展，刺激了人们的旅游消费，拉动了国民经济的增长。并且漂流的开发一般都是在山区和一些偏离城区的村镇，促进了这些地区的经济发展，增加了该地区人民的经济收入。而且漂流还具有联动效应，如果一个地区有一个大型的品牌漂流，那么它可以带动周边其他的旅游景区的发展，促进该地区的吸引力，形成良性的旅游圈，促进该地区旅游的发展。

漂流运动正以一种现代化的"文明健康的生活方式"迅速走进人们的生活当中，漂流运动彰显了大自然生命的多元性与开放性，同时对社会经济的整体发展起到了稳定和推进作用。发展漂流运动是提高国民余暇生活水平和健康水平的指标。不断攀升的户外运动和旅游消费需求，为漂流运动的发展提供了客观的条件和氛围，也促进了我国旅游产业的快速发展。

6.漂流运动的文化价值

（1）漂流运动促进人的身心超越发展

漂流运动的一些表现形式为操作舟船在人工水域漂流或者在山野的自然江河探险，这都需要游泳和潜水技能做辅助，要求参与者有强健的体魄和熟练的技能以及对漂流中的一些突发问题有自救的能力。另外参加漂流运动要有积极的心态和对大自然的喜爱，要有征服自然、融入自然的心境，在漂流运动的过程中还要快速的很好地适应自己不同的角色转换。这些都超越了普通的体育运动项目和运动技术对身心的锻炼，具有多元化、层次性较高的文化价值。

（2）漂流运动促进人的情感的升华

人类在漫长的生活中，天性具有寻根问祖的精神诉求，具有对历史先祖生活状况的探奇心理。现代的漂流运动是从古至今人们在长期的生活实践中演变而来的，它让参与者一定程度上体验到了以前的生活方式，让参与者有了回归大自然的情感，更激发了他们对现在和未来的真实生活方式的追求。并且，现代漂流运动中所包含的"以人为本、融入自然、战胜自然和自我完善"的体育价值观与人生理念，不仅与我国古代体育互补，还塑造了现代社会所需要的人本精神。使人们建立对体育的价值、理想和道德等的正确理念，使人们自身情感得到完善。现代漂流运动丰富了人们对身体锻炼的价值观，体现了以人为本的人生观，促进人们养成正确的现代特色的世界观、价值观，使人们的情感得到升华。

（3）漂流运动促进人与自然和谐

漂流运动的外部文化即外部环境。主要体现在开展漂流运动时与自然环境所存在的相互对立与依赖的和谐上，其中包括：人与自然的和谐、比赛规则与公平的和谐、制度与情感的和谐等。人在自然环境中的漂流行为，既是对自然环境的开发利用，更是对自然环境的保护传承，这就是人与自然的和谐；比赛规则与公平的和谐、制度与情感的和谐，则强调在现代漂流运动中，人们对公平感、情感的获得，需要通过一定的规则或制度作为保障。现代的漂流运动应加强制度和设施建设，以安全为基础，提倡绿色漂流。

漂流在我国有着很大的发展潜力，漂流项目的开发和运营，要在新的市场经济思想引领下，进行专业化的管理，同时要加强安全监管，处理好资源开发与环境保护的关系。从地域发展扩展到区域发展，从单一产业发展到综合性互动产业链发展。加强制度建设，让更多的人参与进来。从区域发展入手，结合新型城镇化建设纲要的要求，引导地方群众积极参与到大漂流区的相关服务中来，漂流必将创造更多的价值。通过特色化、差异化的理念，努力打造我国的品牌漂流项目，使其走得更好、更远。

第二节　潜水运动

一、潜水概述

潜水，顾名思义，就是"潜到水里"，即将身体没入水中的往返过程。当然，仅仅是"潜在水里往返"这句话难以明晰潜水的全部含义。潜水的含义可以从以下几个方面来加以解释：第一，从是否借助器材设备，可以把潜水分为水肺潜水和自由潜水；第二，根据潜水地点的不同，可分为平静水域潜水和开放水域潜水两类；第三，根据气瓶内压缩空气的氧气含量多少，大致分为一般空气和高氧空气两种；另外，如果从潜水的用途来分类，潜水又可以分为休闲/运动潜水、工程潜水和军事潜水。

随着互联网技术的应用和普及，人们很容易在网络上找到潜水的相关信息。国内比较流行的是到潜水景点去潜水。其实潜水是有一定的危险性的，但是，在做好潜水的基本安全保护措施和掌握科学的潜水方法的基础上，如在水里不要闭气，注意安全下潜和安全上升的规范操作等，潜水也是一项很安全的运动。而对于职业潜水员，因为他们长期潜在水里作业，如果没有进行科学规范的训练，就有患上"潜水病"的危险。

二、潜水装备

（一）面镜

面镜是潜水运动中不可或缺的设备，毫不夸张地说，面镜是潜水员的"眼睛"。

面镜把眼睛和鼻子一起"罩"住，眼部和鼻部形成一个密闭的空间。佩戴面镜不仅能帮助眼睛在水中睁开，而且可以避免鼻子进水。

如何科学使用面镜，在紧急情况下如何处理面镜故障，是检验潜水员技能熟练程度的标准之一。使用面镜之前必须检查镜面是否漏气，具体做法是：戴上面镜，将面镜紧贴面部，然后用鼻子吸气，使面镜内部形成负压，如果不会脱落，说明面镜密闭状况良好，反之则为漏气，必须得到妥善处理方能下水。

面镜排水是潜水必须掌握的技能之一。具体做法：在水面上预先戴好面镜（或在水中戴上面镜或水中手持面镜，拇指固定在面镜的鼻罩位置以确定面镜向上），准备好后用嘴深吸一口气潜入水中，以左右手两食指外抠面镜裙边，主动让面镜全部进水或部分进水。

准备动作做好后潜入水中，初学者双膝或单膝下跪以平衡身体。规范动作是：右手食指和中指两指轻压面镜上方的中间位置，手指稍向鼻腔方向用力，以避免面镜的鼻腔部分与鼻腔分离导致鼻腔进水。面镜排水时，头部逐渐后仰，鼻腔慢慢出气。注意鼻腔出气要连续，由于压力的作用，面镜中的积水会从鼻腔下方排出。

（二）呼吸管

呼吸管是连通口腔与外界的空气进出通道，经常用于浮潜的练习当中，便于观察水下状况，而且可以节省气源。呼吸管一般固定在面镜左侧。

呼吸管的使用规范是：左手轻握软硬管连接处（以左手感受呼吸管的位置，避免整个呼吸管没入水中导致呛水），牙齿轻触咬嘴固定住呼吸管，避免过于用力咬断器材。动作做好后鼻子没入水中，用呼吸管训练呼吸，每次在水中持续3分钟。

呼吸管的排水训练：吸满一口气后，在水中将呼吸管的咬嘴与口腔分离使其进水，然后再排水。排水方法：向咬嘴用力吹气，将呼吸管的水排出。此时，呼吸管可能留有残余的水，紧接着需要二次排水。第二次排水之前要慢慢吸气（注意不可快速吸气，避免将呼吸管内的水吸入气管中），再次快速呼气，排出残余水，重复多次即可排完呼吸管中的水。

（三）潜水靴

潜水靴有保暖、防滑、防割伤的作用。

（四）蛙鞋

蛙鞋、面镜和呼吸管被称为"潜水三宝"，可见蛙鞋在潜水运动中的重要作用。蛙鞋的鞋面宽大，目的是加大与水的接触面积，增加推力。蛙鞋的陆地训练方法：坐在游泳池边，双手后撑，两腿向前伸直，上下交替做自由泳的腿部练习。蛙鞋的水中训练方法：腿部伸直，以大腿带动小腿和踝关节，采用"剪刀式"上下打水，每次训练距离为200米。两手放松置于背后或是以自由泳的划臂方式配合蛙鞋打水来获得前进动力。

（五）气瓶

气瓶为潜水员供给空气，其重要性不言而喻。有些人把气瓶称为"氧气瓶"，其实气瓶内的气体是压缩空气而不是氧气。气瓶的正确提携方法是：手心向外，出气口向外，手接触开关时以顺时针方向，避免无意中打开气瓶。

使用气瓶之前，最好检查气瓶内的气体是否有异味，保证空气新鲜。潜水之前可以根据潜水深度和时间来调整气瓶内的气压。通常，由于气瓶内的空气压力较大，要避免气瓶掉落地上或与坚硬物体撞击，以防爆炸等意外情况的出现。

（六）调节器

调节器是连接气瓶，调节气压的装置。气瓶内的高压气体只有经过调节器的处理后才可以用于呼吸。调节器左边的二极管是低压进排气阀和三联阀，右边是咬嘴和备用咬嘴，这些仪器设备必须置于双手容易触到处，注意不要使各条管之间相互缠绕。入水前，把调节器连接到浮力背心上，打开气瓶的气阀，检查设备是否漏气。

（七）背心式浮力调节器

浮力调节背心（buoyancy compensator，BC）是通过调节器和二极管与气瓶连接的。它有两个按钮，一个是充气按钮，主要用于BC的充气；另一个是排气按钮，其作用是排出BC内的气体。浮力调节背心的主要作用是控制潜水员下潜和上升的速度。卸下BC的顺序：第一步是关掉气瓶的气阀，而后把BC内的气体全部放掉，若不全部放出，则会因为气压过大无法卸下调节器。放气后，分离BC与调节器的连接，随后松开BC的快卸扣，直接拿起即可。

三、潜水技术

（一）装备组装和安全检查

1.装备组装

（1）将BC固定带一侧朝上，展开并平铺于地面，气瓶出气口朝向地面，卧倒置于BC的气瓶槽上，将BC气瓶防滑带套在气瓶颈部并收紧。

（2）将BC固定带置于气瓶约上三分之一处，并扣上固定扣，随后将气瓶直立，并确定其牢靠地固定在气瓶上。

（3）检查气瓶的O形圈，将一级头（高压管与中压充气管在左，两条二级头中压管在右）固定在气瓶头上，并将一级头适度扭紧，连接中压充气管到BC的低压充气阀，将高压管、中压充气管、低压管固定在左肩带上。

（4）将备用调节器固定在右肩带，并将备用调节器二级头固定在胸前三角区范围内。

2.安全检查

左手持三联表，使其表面朝下，同时右手完全打开气瓶阀后，回转半圈。报出压力表读数，并确定主／备调节器、充／排气阀、快卸扣运行是否正常。

（二）面镜脱着和排水

首先，将面镜脱下，置于手中，然后重新戴回面镜并整理好，头微微低下，适度用力按住面镜上缘，鼻子边呼气边抬头，将面镜里的水从面镜底部排出（如镜内尚有水残留，重复以上动作直至将水排净）。

（三）调节器寻回和排水

绕臂寻回（挥臂）法：深吸一口气后将调节器拿离嘴部，缓慢吐气，同时身体向右侧倾斜；右手贴近右腿向后移动碰到气瓶；右臂贴近右腿向后、向外横扫一圈，将调节器钩挂于臂弯处；将调节器放入口中以吹气或出气按钮排水法排除积水。顺管摸索（后取）法：深吸一口气后，将调节器拿离嘴部并缓慢吐气；右手抓住BC的右肩带上提，左手将气瓶底部尽量往右上方托起；右手在调节器第一级部位找到中压管，再顺着中压管找到调节器的二级头；将调节器放入口中以吹气或出气按钮排水法排除积水。

（四）调节器排水法

吹气法：将调节器放入口中，从口中呼气，这时调节器中的水被空气吹出。出气按钮排水法：将调节器放入口中，轻按出气按钮，这时调节器中的水被空气吹出。

（五）蛙鞋旋轴

身体由跪撑至俯卧，以蛙鞋尖为支点，做深且慢地呼吸。两手向前伸直，左手高举充排气阀，将少量的空气充入BC内；直到吸气时，身体会以蛙鞋尖为轴，慢慢上浮；吐气时，慢慢下沉。

（六）水面的救援技术

轻拍事故者肩膀并大声询问；做水面求救手势；使事故者仰卧，口鼻露出水面；手抓稳气瓶头，拖带25米以上；解下事故者装备；将其拖带上岸。

（七）脱卸和重新穿回潜水装备

1.水面脱装

BC适当充气；肩带调松，解开BC腰部及胸前快卸扣；右手握住调节器一级头，将气瓶由背后过头卸下；手臂脱离BC。

2.水面着装

使气瓶头部靠近胸前，将调节器的中压管置于两臂之间，并口含调节器；调整装备各管、带、扣，使之处于最佳着装状态；两手穿入BC袖口，右手托住气瓶头部，左手托住气瓶底部，身体协调用力，躬身转体，由头往后穿上；身体后倾，依次系好各带、扣。

3. 水下脱装

排尽 BC 空气；把 BC 胸扣、左肩扣、腰扣、魔鬼毡依次解开；左手先从 BC 脱开，后将装备从背后经右侧方扭转到前方置于膝上；左手握住气瓶头，稳住气瓶，右手从 BC 脱开。

4. 水下着装

首先，调整装备各管、带、扣，使之处于最佳着装状态；其次，左手抓住 BC 的右侧肩带，右手穿入右袖口；再次，右手向后推气瓶并使其紧贴背后，固定后左手穿入左侧袖口；最后，依次将各带、扣扣好，并调整到舒适状态。

（八）安全下潜和上升

1. 下潜的五个步骤

潜伴之间沟通，做下潜手势；确定返回的参照物；互换呼吸管与调节器；检查时间；左手高举充排气阀慢慢排气，平压下潜。

2. 上升的五个步骤

潜伴之间沟通，做上升手势；注意上升时间；左手握充排气阀，右手高举过头顶；抬头，查看上方及四周环境；以每分钟不超过 18 米的速度，踢蛙鞋缓慢旋转上升。

（九）下水前的安全检查

确定各装置运行正常，并部分充气；气瓶稳固在固定带；确定配重及其佩戴是否适当；明确各快卸扣操作方法，且确定其扣好；确定气瓶阀打开、压力表读数，调节器及备用调节器运行正常；最后全面检查，并做 OK 手势。

（十）漏气调节器的呼吸

右手扶住调节器二级头，并用口含住二级头右半侧咬嘴，头往右侧倾斜；从咬嘴部溢出来的气流中呼吸。

（十一）共生呼吸

当需气者给出空气用尽信号，供气者深吸一口气；供气者左手抓住需气者的右肩带，右手握住靠近调节器二级头的中压管，并将调节器从口中移开，同时嘴里持续吐出小气泡；将调节器传给需气者，并且让其引导调节器到口中（让其接近排气按钮，在必要时可以排出二级头内的水）；允许需气者从调节器中呼吸两次，然后将调节器传回给供气者（供气者绝对不要让管子离手，必须在所有时间内保持接触和控制供气，并持续用左手抓住需气者 BC 的右肩带）；供气者从调节器呼吸两次，然后再将调节器传给需气者；当情形稳定时，给需气者上升信号，需气者得到上升恢复后开始上升；在缓慢控制上升的过程中，重复交换呼吸（一旦开始共生呼吸和上升，不要在上升的时候试着改变节奏或技术）。

（十二）有控制地紧急游泳上升

头部后仰打开气道，眼往上方看；右手举起，左手高举充排气阀（口不要离开调节器）；有控制地踢蛙鞋上升，口不断吐气，且使气道一直处于开放状态（尽量以每分钟不超过18米的速度上升）。

（十三）无面镜潜水

将面镜取下握在手中，保持正常呼吸（屏住鼻腔，防止呛水），踢蛙鞋游动25米后，将面镜戴回并排水。

（十四）水面浮力检测

在深不及底的水中，将BC空气完全排光；吸气时，眼睛露出水面，呼气时则下沉，此为正确的浮力，达不到此标准者得调整配重。

（十五）定点悬浮

潜到水底，左手握充排气阀，调整至中性浮力；轻轻推离水底约1米的距离；不要憋气，利用肺部体积，保持自己悬浮在某一定点（上浮、下沉深度不超过30厘米）。

（十六）脱卸与穿戴配重带

1. 徒手水面配重带拖着（与着装备相同）

在水深不及底的水面，将BC适当排气，面部朝下身体呈水平姿势，将配重带卸下；卸开快卸扣，左右手各持配重带一端；右手抓住配重带尾端，并传给握住配重带快卸扣的左手；左手两端一起握住后，往背后移动，右手同时也往右后方移动，左手将配重带尾端交给右手握住；两手各执一端往前移动，将配重带系在腰上，扣好快卸扣。

2. 徒手水底配重带拖着

平躺水底卸开快卸扣，左右手各抓配重带的一端；右手抓住配重带尾端，将配重带尾端传给握住配重带快卸扣的左手；左手两端一起握住后，往背后移动，右手同时也往右后方移动，左手将配重带末端交给右手握住；两手各执一端并转身面向水底，将配重带紧贴在腰部，扣好快卸扣。

3. 着装备水底配重带拖着

两腿跪于水底，适当排气；卸开快卸扣，左右手各持配重带一端；将配重带均匀地放在两小腿后部；两手各持配重带一端，将其往上移至BC与气瓶下的腰部；扣好快卸扣。

（十七）入水动作

1. 坐姿入水（以左转身为例）

面向水面方向坐稳，臀部坐于壁沿，腿部放松伸直；左手臂紧靠身体、撑稳地面，身体开始以左手臂为轴向左转动；身体转至背向水面后，两手同时支撑身体，并使身体重心位于两手之间；慢慢屈臂，身体徐徐没入水中。

2．迈步入水

于水边站稳，身体直立并收下颚，右手稳固住面镜及呼吸调节器，左手护住后脑；左脚向前迈出，右脚滞留在身后，上身保持垂直；前脚以鞋底着水，后脚以鞋面着水，到水中时两腿并拢，以头部不完全没入水中为正确动作。

3．后滚入水

手和头的动作同迈步式，身体以蹲或坐的姿势背对水面；上身往后移自然后滚入水，入水时身体呈 L 形，小腿膝关节要伸直以防碰到船舷，以背部着水为正确动作。

四、考核内容与方法

（一）平静水域考评（70分）

（1）脱卸和穿着配重系统。

（2）压鞋旋轴式——中性浮力。

（3）脱卸和重新穿回水肺装备。

（4）水中悬浮。

（5）共生呼吸——原地（供气者和受气者）。

（6）有控制地紧急游泳上升。

（7）无面镜水底潜泳。

评量标准：

① 0——参加者无法完成动作。

② 6 以下——完成动作时有明显困难或错误。

③ 6 ~ 7——动作正确，但太快而无法充分展现出技巧的细节。

④ 8 ~ 9——动作正确，并且缓慢足以充分展现出技巧的细节。

⑤ 9 ~ 10——动作正确、缓慢并夸大（显得"容易"）。

（二）出海实践（30分）

第三节　皮划艇运动

一、皮划艇运动概述

皮划艇是皮艇和划艇两项运动的总称，但人们常常用皮划艇一词指代皮艇。皮艇的起源可以追溯到世界上最古老的船——独木舟，它是原始人打猎、捕鱼和运输的生产工具。其雏形形成于北美洲格陵兰岛，爱斯基摩人用动物皮包在木架子上制作成兽皮船。

皮艇运动除却自身的巨大魅力之外，还有很强的锻炼效果，对参与者的身心有着极大的益处，我们可以从运动价值和教育价值两方面来具体分析。在运动价值上，皮艇属于速度耐力型运动。该运动能有效地增强心血管系统和呼吸系统的功能以及肩部三角肌、背部背阔肌等主要肌群的力量，使人体的耐力得到提升。同时皮艇还可以锻炼肢体的协调性，从而提高平衡能力，并塑造出优美的身体线条。从教育价值上看，参与皮艇运动主要有五个益处：

（1）有利于磨砺人们敢于尝试新事物的勇气，增强自主探索和解决问题的意识。

（2）提高参与者的专注力，锻炼其随机应变的能力。

（3）强化人们高速高效的意识，提高工作效率。

（4）多人皮艇还能锻炼参与者的团队协作能力。

（5）参与者和水的亲密接触也有利于加深对自然的理解和感情。

二、皮划艇器材介绍

（一）艇体介绍

皮划艇呈中间宽两头尖的流线型，以便破水和导水，长度从 3 米到 6 米不等，其主要部件有艇体、座椅、可调节脚蹬和尾舵。

根据材质的不同，皮划艇可以分为滚塑艇、玻璃纤维艇、碳纤艇等。奥运会比赛以碳纤艇为主，大众休闲使用最多的是滚塑艇。按照乘坐人数分为单人艇和双人艇，以下主要对单人滚塑艇进行介绍。

（二）座板

皮划艇采用坐姿划行，人坐于舱中，座板后部有可调节前后距离的靠垫，靠垫下部为支撑臀部的坐具。

（三）可调节脚蹬

脚蹬主要有两个功能：一是作为将下盘动力传输到上半身的重要装置，借助脚蹬提供的支点来蹬腿转腰，从而将下肢力量传递到肢体上部，转化成前进的动力；二是作为控制尾舵的装置，脚蹬的上部通过舵绳连接尾舵，通过踩踏左右两边的脚蹬以实现调节尾舵方向的功能。脚蹬与座椅的距离可以根据自己的腿长进行调节，以达到充分发力的效果。脚蹬是通过旋转轴柄、前后移动脚蹬来进行位置调整的。脚蹬与座椅之间的距离是否合适在很大程度上影响了腿部的发力效果。

（四）尾舵

尾舵作为控制船艇方向的重要装置，被设置在船尾上，使用船艇前须将其舵叶放入水中。尾舵左右两端通过舵绳分别与两个脚蹬连接，通过踩踏脚蹬来控制舵叶在水中的角度，使船身得以转向。踩下左边脚蹬，尾舵向左，船头往左转，右边亦然。尾舵转向的原理是通过舵叶在船尾一侧施加阻力，从而使船转向该侧。对于竞速选手，一丝一毫的阻力都是需要想办法克服的，因此，在熟练地掌握划船技术后，可以尽量减少尾舵的使用，以保持船速。

（五）防水密封舱

防水密封舱在滚塑艇中极其常见，它主要有两个功能：一是作为储备物品的隔水空仓，在航海旅行过程中，行李可以置于密封舱内；二是作为提供浮力的浮力舱，其中的空舱减少了艇体的重量，给船提供了较大的浮力，同时在船翻覆的情况下，密封舱盖可以使得艇体不至于很快进水。需要注意的是，在下水前务必检查密封舱盖是否盖好，以防进水。

（六）桨

皮艇的桨叶为双叶桨，即在桨杆的两头各有一个叶片。桨按其材质可分为塑料桨、碳纤桨。塑料桨的优势是耐磕碰；碳纤桨的优势为形变小，抓水效果好，常为比赛用桨。在桨叶的中部设有可调节桨长度、桨叶角度的装置。划船者可以根据自己的身高、臂长来调节桨长，以达到最佳的做功效果。再者，通过调节两个桨叶的角度（一般为60°～90°），可以减小回桨过程中不必要的身体旋转以及拉桨时非入水桨叶所产生的风阻。碳纤桨桨叶为贝壳状，该设计使它能够很好地抓水，从而产生充足的向前推动力。

三、皮划艇基础技术与练习方法

驾驭皮划艇需要循序渐进地掌握几个重点动作技术，从最基本的握桨、坐姿、上下艇动作开始，到划行时的前进、后退以及转向。一个好的开始是成功的一半，本部分将对这一系列的入门动作进行详细的技术讲解。

（一）握桨

两手正握桨杆，对称地放在头顶上，上臂与肩部持平，肘关节弯曲成90°。握桨手分为转桨手和辅助手，按个人习惯选择左手或右手为转桨手，通常惯用右手的人选择右手为转桨手。以右手为例：转桨手（右手）实握称为转桨控制端，控制桨的旋转；辅助手（左手）虚握称为辅助端。当双手握桨往前伸直时（掌心朝下），转桨手掌指关节应与同侧桨面在一个平面上，即转桨手一端的桨叶与水平面成垂直90°；当桨举靠在头顶时（掌心朝前），应调整双手握距使双臂与桨形成4个直角，即小臂与桨成直角，肘关节成直角。重点：肘关节成直角。难点：转桨手指关节与同侧桨面在一个平面上。易犯错：两边握桨不对称。

（二）入艇

入艇：身体面向船头；将桨杆紧靠于座舱口前方，着地端桨叶与地面平行且施力面朝上，座舱口与桨叶相隔；靠近船一侧的手同时握住船舱口和桨杆，拇指与虎口扣住舱口内缘，四指同时抓住船舷与桨杆，另一手则扶住岸边（初学者可请求他人扶住船以控制平衡），先将靠近船一侧的脚伸入座舱，左腿与右腿成交叉后坐下，臀部坐于座舱口后方，两只脚打开交叉并顺势伸入船舱里，再调整脚蹬距离即可。

重点：手抓住船舱前端，左腿与右腿成交叉向下坐。

难点：重心落在船舱的中心线上。

易犯错：重心落在左右两侧；前脚上船，后脚侧向用力蹬岸，使船偏离码头。

（三）坐姿

臀部坐于艇座舱正中间（通过双手撑住座舱口以调整臀部位置），使船左右平衡，双腿自然蹬住座舱内两边的脚蹬板，背部自然挺直，身体略向前倾10°～15°，重心落在前方。

重点：躯干前倾。

难点：腰部要坐直。

易犯错：整个腰背贴着靠垫，甚至上半身向后仰。

（四）脚蹬姿势

调整脚蹬前后位置，使得双腿微屈，大腿与小腿成120°～130°。

重点：双腿微屈。

难点：大腿与小腿成120°～130°。

易犯错：伸直腿。

（五）划桨技术

一个完整的划桨循环动作可以分解为入水、拉桨和出水复位3个部分。

1. 入水

以右边为例，准备动作：上体带动肩膀和躯干以自身为纵轴一起向左边转动约70°；右膝弯曲而臀部向前转动，左膝伸直，使身体与船身形成一个夹角；右肩充分前伸，拉桨手保持笔直，伸向鼻子正前方，推桨手大臂保持水平，同时推桨手握拳，指关节与眉毛齐高，距离头部约35厘米。入水动作：桨叶入水要贴近船边，左脚撑住脚蹬板，桨叶与水面成40°～50°；桨叶入水点要超过脚，以脚掌前端为定位点，且每次入水以其为参照，在可驾驭的范围内逐渐前移入水点，从而延长有效拉桨距离。

重点：肩轴和躯干一起转动。难点：转体蹬腿并直臂拉桨。易犯错：躯干没有转动时已经开始拉桨。

2. 拉桨

抓水和拉桨之间没有停顿，一直到拉桨结束。拉桨时腰部发力，躯干快速向右后方转动拉桨，此时，右脚要撑住脚蹬板，右臂（拉桨手）要直臂向后拉桨，左臂（推桨手）向鼻子正前方支撑桨往前（用虎口推桨，要有用力推艇向前的感觉）。一拉一推，边拉边推,同时发力。划桨到大腿的中部,右臂开始屈肘准备出水。

重点:定位推桨手推桨到达的位置,定型拉桨手直臂后拉动作。

难点:蹬腿转腰,边拉桨边推桨。

易犯错:拉桨屈臂。

3. 出水复位

拉桨手拉到髋关节前,右手(拉桨手)屈肘提肘并转动手腕向上转桨出水,复位到左右对称的入桨准备动作。感受旋桨切水出水的动作,定位拉桨手出水位置,在大腿中部提肘出水复位。

重点:出水动作要迅速、干净利落,入桨准备动作前桨叶凹面朝下。

难点:屈臂提肘转动手腕向上翻转。

易犯错:复位时手腕没有向上翻转。

(六)前进

拉桨手从前往后拉桨,推桨手向前推桨,从而使船往前行。皮划艇所有的动作主要靠转体蹬腿发力而非肩臂。

重点:拉桨与推桨的配合。

难点:蹬腿转体。

易犯错:屈臂拉桨。

(七)后退

与前进划桨方向相反,(右手)拉桨手从后往前推桨,从而使船往后退,掌握后退是学会转弯的基础。

重点:两边的桨叶要对称向前推。

难点:桨叶凸面从后往前推。

易犯错:身体会前后移动。

(八)转弯

以左转弯为例,右手从前往后入水拉桨,让桨在船侧做大圆弧运动,从船首划到船侧。继而左手从后往前入水推桨,从船尾至船侧反向划大弧。右边一拉,左边一挡,使艇体左转。右手拉桨尽量向前一些,但不要太勉强(以能轻松达到为准),同时推桨的手也要配合放低。桨面入水时要垂直,受力面朝向船体外。在划大圆弧时,用上身体的力量,尽量让两只手保持相对静止。

重点:右边划桨弧度要大。

难点:拉桨与挡桨的配合。

易犯错:两边划桨一致。

（九）扫桨横移

练习扫桨横移动作：这个动作难度较大，要求充分感受到桨与水的相互作用力。首先使用正常的前向用手握桨方式，身体侧倾，把桨横向伸出，几乎竖直地插入水中；推桨手臂与桨杆大致形成一个直角，并保持这个高度；桨叶从外侧拉水至船舷边，桨的受力面需要指向船体的一侧。

重点：推桨手要用直力。

难点：身体重心侧倾。

易犯错：推桨手高度不够，桨叶没有插入水中，没有借用身体重心力量拉桨。

（十）皮划艇安全救援技术

水可载舟，亦可覆舟。在充分体验到皮划艇带来的乐趣后，也不要忘了安全问题。安全始终要放在第一位，应尽可能地减小安全风险。本部分从风险规避与风险应对两个角度进行讲解。

1. 风险规避

（1）救生衣。尽可能在安全熟悉的水域环境下划船，时刻保持安全警惕，并穿着救生衣。

救生衣是水上运动中非常重要的一个部件，可以在船艇翻覆的情况下保证人能够轻松地浮在水面上。因此正确地穿戴救生衣是一件极其重要的事，切不可嫌其麻烦或高估自己的游泳水平而弃之不顾。在穿着救生衣时务必要检查拉链、下部活扣、侧面活扣及上部收缩带是否正确处理。

（2）哨子。哨子在皮艇运动中可用于发出沟通交流的信号。在一定距离的水面上难以清晰地传递声音，而提前约定好的哨声口令可以帮助教学顺利地进行，使得团队成员间能够顺利进行沟通，在紧急情况下也可提醒周围的人进行施救。

2. 风险应对

在遇到船体翻覆的情况下，应该沉着冷静，迅速脱离艇身游出水面。头部脱出水面后，尽量抓住船桨与艇边缘，以此获取浮力。虽然带着艇游泳是一件很费劲的事，但在大多数情况下不要放弃皮划艇和桨，因为艇可以提供浮力，在救援时也更容易被发现。

（1）单人安全救援。当人落水后，落水者快速从艇下把头露出来，脱离艇身并游出水面，继而抓住皮艇。当皮艇进水不多时，落水者需要迅速凭靠自己的力量把艇翻正。落水者双手托住船舱边上靠近自己一侧的船舷，然后借助水的浮力用力向上翻转。船身翻转成功后，身体逐渐移动至艇尾并用双手跨过船身抓住艇尾对侧，然后双手下压，逐渐把身体拉到船上，此时上身是从上侧趴在艇上的。然后把髋部压在艇尾上，将靠近船尾一侧的脚跨过船尾，身体便可横跨着骑坐在艇上，逐渐向前移动到座板，臀部顺势入座，最后把双腿放进船舱里。

（2）双人T形救援。协助排水（T形救援）：意外翻覆落水，落水者自救后，应该先排出艇舱内的积水，再重新回到艇舱中。舱中积水时是很难掌握平衡的，需要在救援者的协助下排水。在协助排水的过程中，要充分沟通并做到协调一致，以保障救援中的安全。首先，救援者应将己方的艇身靠近被救艇的船头，并与之垂直构成"T"形。落水者在被救艇尾一侧用力将艇尾下压，有利于艇友从另一端抬起艇首。艇友抬起艇首后，使皮艇船舱朝下，两人协作前后起伏，让舱中积水流出。排除大部分积水后，翻转艇身，并使两条艇的船头与船尾分别相并。救援者辅助扶着被救艇，落水者在两条艇的中间，双手分别撑在两条艇的艇体上面，然后双腿提起放入己方的船舱内，向上攀爬，直至回坐入舱中。

（十一）皮划艇练习方法

练习皮划艇进阶技术动作，应按照循序渐进、由浅及深的原则，我们将进阶练习分为以下六个步骤，依次是平衡性练习、陆上空桨划桨练习、水上划桨练习、蹬腿转体练习、上肢与下肢蹬转配合练习以及对称性练习。

1. 平衡性练习

掌握平衡是驾驭皮艇的首要任务，只有在自如地控制皮艇平衡的情况下才能够充分发挥出身体机能，练习动作、施展技战术等。特别是对不会游泳的初学者来说，对水畏惧是难免的，但要快速地掌握皮艇运动的技术，需要克服恐惧心理，因此首先应练习平衡性。在这个环节，如果条件允许，在安全的前提下，不妨大胆去走出船体平衡的舒适区，刻意让自己落水。

练习步骤：

第一步，练习上船平桨保持平衡动作：入艇，将桨保持水平，在自己的舒适区内左右轻微摇晃，感受船的平衡感。

第二步，练习失去平衡复位的动作：入艇，首先用桨压水，感受水给桨的反作用力，再逐渐摇晃大胆去走出自己的舒适区，并通过压浆的方式恢复平衡，并将桨在水中来回运动，感受因为桨运动角度的不同，所产生的不同力的效果。

2. 陆上空桨划桨练习

很多人可能会认为水上的实操练习更能提升技术，从而忽视了陆上的练习。其实陆上有许多水上不具备的良好条件。比如说，陆上空桨练习可以在没有水阻的情况下仔细体会动作细节，可以更好地让教练或同伴观看并点评自己的动作，可以随时随地进行练习，等等。长期的陆上动作定型练习是很有必要的。在水上发现问题，带着问题在岸上进行练习改进，再入水实践，这是一个良好的循环，会使技术提升得更快。

练习方法步骤：

（1）第一步：练习入桨准备动作，此处有 3 个重点细节。

①拉桨手保持笔直，伸向鼻子正前方。

②推桨手大臂保持水平。

③推桨手拳头指关节与眉毛齐高，距离头部约 35 厘米。

（2）第二步：练习拉桨动作，此处有 2 个重点细节。

①拉桨手保持笔直往下往后拉桨。

②推桨手向鼻子正前方支撑桨往前。

（3）第三步：练习出桨复位动作，此处有一个重点细节，即拉桨手屈肘上抬，恢复到左右对称的入桨准备动作。陆上划桨技术动作重点：练习入桨准备动作时，推桨手大臂要水平，肘部不要超过肩部，拉桨手水平伸向鼻子正前方，不要下垂。拉桨出水过程中，拉桨手不要屈臂太早而过分依靠手臂力量拉桨，否则手臂会累得很快。

3. 水上划桨练习

在水上划行的过程中要时常思考自己的动作是否正确，何处还可以再进行改进。为改善技术动作，在水上进行划桨动作定型练习是很有必要的，通过反复的练习，形成对正确动作的肌肉记忆。

练习方法步骤：

（1）第一步：练习入桨准备动作。充分伸展动作，拉桨手在前方伸直，以脚掌前端为定位点，且每次以其为参照（黑胶带是个很好的工具），在可驾驭的范围内逐渐前移入水点，从而延长有效拉桨距离。

（2）第二步：练习拉桨动作。腿部发力，蹬腿转胯，手保持笔直，拉桨手往下往后拉桨，推桨手往鼻子正前方水平推桨。定位推桨手推桨到达的位置，定型拉桨手直臂后拉的动作。

（3）第三步：练习出桨复位动作。拉桨手保持笔直拉桨至大腿处（只有充分转胯才能保持手一直笔直到大腿处），弯肘上抬使桨叶出水，动作对称复位。大臂保持水平，拳头指关节与眉毛齐高，距头部眉毛处约 35 厘米，保持足够的舒展空间，发力顺畅。充分感受旋桨切水出水的动作，定位拉桨手出水位置，在大腿中部提肘出水复位。

水上划桨技术动作重点：在技术练习过程中，拉桨环节桨叶可不完全没入水中，以减小拉水阻力，重点感受技术连贯性，要充分利用腿部、腰腹的肌肉力量，而不要过分依赖手臂的力量，否则手臂很快就会酸痛。

4. 蹬腿转体练习

蹬腿转体练习对皮艇运动来说是极其重要的部分。对于新手，经常会出现的问题是，不善于利用腿部力量而过多地使用手臂的力量，通过屈肘靠肱二头肌的力量去拉水拉桨，这很容易使得手臂发酸发胀。而观察专业运动员的发力特点，其腿部力量的利用率是极高的。因此，如果想要提升皮艇技术能力，正确利用腿部力量是关键环节之一，以下详细讲解陆上及水上的转体练习方法。

练习步骤：

陆上练习：找一位同伴，脚掌互相蹬住，并借助双手，通过蹬腿的力量使自己站立起来。过程中要求手部伸直，放松，充分感受腿部蹬出的力量。两位同学为对方提出改进建议，互相竞争，互相帮助，共同进步。

水上练习：上艇下水，在近岸区域练习并感受蹬腿转腰的动作，将力量充分传导到水中。

其中一个很有效的方法便是将船头顶靠在岸边划水，原因是在静水划行中能够更好地感受力量的传递感。蹬腿转体重点：腿部是划船力量的根源，蹬腿转体的练习应贯穿划皮划艇过程的始终。蹬腿速度要快，发力要猛，大腿的力量在常年走路的锻炼下远胜过手臂。

5. 上肢与下肢蹬转配合练习

上肢与下肢的配合是皮艇动力传输的关键所在。腿部力量和腰腹力量是皮艇划行的主要动力源，而其产生的强大动力是通过核心来传递的。核心的作用是将下半身的力量传递到上半身从而转换为船前进的动力，一个强大的核心能极大地提高船速。

练习步骤：

（1）第一步：在陆上手持一根竹竿站立，双手握杆水平向前，腿部微屈，上半身略微前倾，不可前后仰俯，力量从脚底传达至髋关节进而带动上半身转体，仔细体会腿部力量的传递。

（2）第二步：陆上手持一根竹竿，坐下模仿艇上划水动作，两脚蹬在固定处，做出蹬腿转体与入桨、抓水、拉桨、出水、复位配合的动作。

（3）第三步：手持桨在近岸处顶住船头进行桨入水、抓水、拉桨、出水、复位动作的配合。

（4）第四步：水上进行入水、抓水、拉桨、出水、复位动作练习，进行上肢与下肢蹬腿转体完整配合练习。

6. 对称性练习

因为习惯，每个人左右两边身体的力量是不均衡的，因此初学者在划行过程中经常会出现偏航的现象。通过尾舵来调整方向，实际上是对动能的一种消耗。因此，单纯地通过增强划桨的对称性来控制方向，是提高身体输出能量利用率的极佳办法，可以在相同的能量消耗下提高船速。

对称划桨是一个非常精细的动作技术，要求在航向出现细微偏离的情况下，通过左右两个半身的力量大小以及入桨离船体的距离远近的综合调整，矫正偏离，达到直线航行的效果。在练习时应用心去感受桨对水的作用力的大小与方向，体会入水角度、落水方向和出水角度的变化对船行方向的影响，进而掌握对称划桨的技术。划桨过程中，桨叶尽可能贴近船身划桨，这样可减小偏航的程度。

四、皮划艇考试内容与评分标准

（一）考试内容

皮划艇专项考试共 100 分，其中包括前进（15 分）、后退（15 分）、转弯（15 分）、扫桨横移（15 分）、水上单人、双人救援（40 分）。

（二）考试办法和评分标准

1. 前进技评

（1）13 ～ 15 分：技术动作完成好，划桨技术动作流畅，划桨两边轨迹一致，并在航道中间划行 100 米。

（2）10 ～ 12 分：技术动作完成得较好，划桨技术动作较流畅，划桨两边轨迹一致，并在航道中划行 100 米。

（3）1 ～ 9 分：技术动作完成尚好，划桨技术动作欠佳（有少许技术动作没有到位），划桨两边轨迹一致，能划行 100 米。

2. 后退技评

（1）13 ～ 15 分：技术动作完成好，两边划桨要协调对称地后退，并在航道内后退 100 米。

（2）10 ～ 12 分：技术动作完成得较好，两边划桨要协调对称地后退，并在航道内后退 100 米。

（3）1 ～ 9 分：技术动作完成尚好，两边划桨不对称地后退，能后退 100 米。

3. 转弯技评

（1）10 ～ 15 分：技术动作完成好，能够协调划桨，划行绕过浮球标。

（2）1 ～ 9 分：技术动作完成尚好，划桨不太协调，会碰到浮标。

4. 扫桨横移技评

（1）10 ～ 15 分：技术动作完成好，能够协调划桨，并在航道内横移 10 米。

（2）1 ～ 9 分：技术动作完成尚好，划桨不太协调，并在航道内横移 10 米。

5. 水上单人救援、双人救援技评

（1）30 ～ 40 分：技术动作完成好，能够熟练地完成救援全套技术动作。

（2）1 ～ 29 分：技术动作完成尚好，不太熟练救援全套技术动作。

第四节　水上体育游戏

一、水上游戏

1. 水中钻圈

目的：掌握游泳的姿态，熟悉水性，提高身体协调性。

准备：标准泳道若干条，呼啦圈若干。

方法：在各条泳道上，从10米处开始，每隔2米左右站一个人，在游泳池的底部和水面一高一低交错放上一组呼啦圈。游泳者一边游泳一边钻圈，在25米内钻过6个圈。计算时间，用时最短的人获胜。

2. 水中夺帽

目的：锻炼学生的水性，提高身体协调能力。

准备：标准泳道若干条，帽子若干。

方法：游戏分两队，两队成员戴不同颜色的帽子。互相抢夺对方队员的帽子。被抢了帽子的人如果和没被抢走帽子的自己队员协作的话，也可以去抢对方队员的帽子。

规则：率先抢完对方帽子的队获胜。

3. 水中骑马战

目的：锻炼身体在水中的反应速度、协调能力，培养团结协作精神及勇敢精神。

准备：标准泳池。

方法：游戏分两队，比赛队员进入水中，3人一组组成"骑马"姿势。听到指令后，两队"骑马者"开始互相"扭打"。对方"骑马者"掉入水中则本队得一分，骑手的头如果浸入水中就失去游戏资格。

规则：规定游戏的时间，分数高的队伍获胜。

4. 水中避球

目的：锻炼身体在水中的反应、协调能力。

准备：标准泳池，皮球若干。

方法：游戏分红白两队，在游泳池里进行躲避球游戏。在游泳池拉条泳道绳当作中心线。以中心线为界，红白两队互相投掷球，被投中的人退到游泳池边。水的高度在腰以下比较好。

规则：到了规定的时间，剩下人数多的队伍获胜。

5. 水中篮球大赛（一）

目的：锻炼学生在水中的反应能力、身体协调能力，培养团结协作精神。

准备：标准泳池，篮球1只。

方法：在水中进行的类似水球的篮球游戏。运球时，不能用手抓住球，只能边用手按住球边游泳前进，可以自由地传球。目标是把球投到坐在游泳池边扮演球篮的人那里，扮演球篮的人接住球则得2分。然后扮演球篮的人把球传给对方队，继续游戏。

规则：得分高的队伍获胜。

6. 水中篮球大赛（二）

目的：锻炼学生的水性，培养身体协调能力。

准备：标准泳道若干条，篮球若干。

方法：在游泳池边设两个球篮进行篮球比赛。把游泳池划分成3个场地，在中央放9个篮球。两队选出相同数量的队员进入游泳池。进入场地中央的人，把球传给靠近球篮的队友。没投中篮的球由裁判把球放回场地中央。已投中篮的球不再使用。

规则：裁判判定有效投篮数量高的队伍获胜。

参考文献

[1] 张宏梅，胡来东，于洋. 水上运动与体育运动防护 [M]. 长春：吉林出版集团股份有限公司，2017.06.

[2] 孙玉琴，甘胜军，李华. 水上旅游管理 [M]. 北京：旅游教育出版社，2017.10.

[3] 黄玲，黄永良. 海洋休闲运动策划 [M]. 北京：海洋出版社，2017.02.

[4] 胡炬波. 户外运动与拓展训练 [M]. 杭州：浙江大学出版社，2017.09.

[5] 叶应满，王洪，韩学民. 现代运动训练的理论分析与科学方法研究 [M]. 成都：电子科技大学出版社，2017.10.

[6] 程明吉，解煜. 大学体育教育理论知识与运动实践研究 [M]. 长春：吉林大学出版社，2017.06.

[7] 黄东怡，李光华. 大众游泳训练指导教程 [M]. 北京：北京邮电大学出版社，2017.11.

[8] 刘长青. 游泳技能培养与水上运动开展研究 [M]. 北京：中国书籍出版社，2018.01.

[9] 刘宇，傅维杰. 生物力学研究前沿系列人体运动生物力学 [M]. 上海：上海交通大学出版社，2018.07.

[10] 赵金林. 休闲体育文化多元解析与运动方法指导 [M]. 北京：中国书籍出版社，2018.05.

[11] 徐雅莉，骆繁荣. 休闲体育科学论及健身方法指导 [M]. 北京：中国书籍出版社，2018.05.

[12] 徐菲菲，林雨庄. 运动旅游 [M]. 南京：东南大学出版社，2019.03.

[13] 文元桥，肖长诗，朱曼. 水面无人艇的体系结构与运动控制 [M]. 武汉：武汉理工大学出版社，2019.07.

[14] 傅纪良，王裕桂. 实用游泳教程 [M]. 北京：海洋出版社，2020.04.

[15] 刘允. 从小爱运动 [M]. 北京：北京科学技术出版社，2020.01.

[16] 赵云雷，姜小丽. 皮划艇运动教学与训练 [M]. 长春：吉林大学出版社，2020.03.

[17] 雷雨. 独竹漂运动基本理论与实践指导研究 [M]. 湘潭：湘潭大学出版社，2020.07.

[18] 张辉 . 水浒体育文化 [M]. 北京：人民体育出版社，2020.11.

[19] 陈军 . 运动康复 [M]. 厦门：厦门大学出版社，2016.11.

[20] 徐勇灵，高雪峰 . 科学运动与体质健康促进指导手册 [M]. 广州：广东高等教育出版社，2016.08.

[21] 陆青 . 游泳运动技能学练与水上救护 [M]. 长春：吉林大学出版社，2016.11.

[22] 李华 . 游泳救生及水上运动 [M]. 北京：清华大学出版社，2015.08.

[23] 程锡森，张先松 . 休闲健身运动概论 [M]. 武汉：中国地质大学出版社，2015.10.

[24] 程锡森，金海波，冯岩 . 运动项目概论 [M]. 天津：天津大学出版社，2015.07.

[25] 李岩 . 当代运动与艺术潮流跳水和潜水的训练与技术 [M]. 长春：吉林出版集团有限责任公司，2015.01.

[26] 朴大源 . 当代运动与艺术潮流游泳和冬泳训练与技术 [M]. 长春：吉林出版集团有限责任公司，2015.01.

[27] 李彦林，韩睿，王福科 . 运动与健康 [M]. 昆明：云南科技出版社，2014.11.

[28] 盛文林 . 赛艇、皮划艇激流上的运动 [M]. 北京：台海出版社，2014.10.